Ivan Kouchnir

Économie de la Pologne

Série "Economie dans les pays"

première publication: 2020
dernière mise à jour: 2021-01-21

Ivan Kouchnir. Économie de la Pologne. Série "Economie dans les pays". - 2020. - 74 pages.

Ce livre sur l'économie de la Pologne des années 1970 aux années 2010. Données source provenant de UN Data.

Taille. Dans les années 2010, le produit intérieur brut de la Pologne s'élevait à 523,0 milliards de dollars par an; la valeur de l'agriculture était de 14,2 milliards de dollars; la valeur de l'industrie était de 116,0 milliards de dollars. Comme la part dans le monde était comprise entre 0,1% et 1%, le pays est classé en tant que dans l'économie moyenne.

Productivité. Dans les années 2010, le produit intérieur brut par habitant était de 13 732,3 dollars; l'agriculture par habitant était de 373,5 dollars; l'industrie par habitant était de 3 045,0 dollars. Étant donné que la productivité est comprise entre la moyenne et la moyenne supérieure à la moyenne, l'économie est classée comme développée.

Croissance. Dans les années 2010, la croissance du produit intérieur brut était de 3,6%; la croissance de l'agriculture était de -1,6%; la croissance de l'industrie était de 4,5%.

Structure. Dans les années 2010, l'économie de la Pologne était composée des secteurs suivants: industrie (40,9%), services (19,5%), agriculture (13,7%), construction (11,1%), commerce (9,4%), transport (5,4%).

Exportation et importation. Dans les années 2010, les exportations étaient supérieures de 3,4% aux importations, les exportations nettes représentant 1,6% du PIB. La structure technologique des exportations n'est pas meilleure que la structure des importations.

Consommation et reproduction. L'attitude de la reproduction vis-à-vis de la consommation n'est pas meilleure que la moyenne mondiale; ainsi la part du PIB dans le monde n'augmentera donc pas.

Série "Economie dans les pays": parallel.page.link/fr

© Ivan Kouchnir, 2020

Tous les droits sont réservés.

ISBN: 9798614485245

Contenu

Partie I. Taille	4
Chapitre I. Produit intérieur brut	5
Chapitre II. Valeur ajoutée	9
Chapitre III. Revenu national brut	13
Partie II. Structure	17
Chapitre IV. Agriculture	18
Chapitre V. Industrie	22
Chapitre 5.1. Fabrication	26
Chapitre VI. Construction	31
Chapitre VII. Transport	35
Chapitre VIII. Commerce	39
Chapitre IX. Services	43
Partie III. Relations extérieures	47
Chapitre X. Exportations	48
Chapitre XI. Importations	53
Partie IV. Consommation	58
Chapitre XII. Dépenses publiques	59
Chapitre XIII. Dépenses ménagères	63
Chapitre XIV. Consommation de nourriture	67
Partie V. Reproduction	70
Chapitre XV. Formation de capital fixe	71

Partie I. Taille

Chapitre I. Produit intérieur brut

Le produit intérieur brut de la Pologne est passé de 49,0 milliards de dollars par an dans les années 1970 à 523,0 milliards de dollars par an dans les années 2010, c'est-à-dire 474,0 milliards de dollars ou de 10,7 fois. La variation a été de 383,5 milliards de dollars en raison de l'augmentation de 3,7 fois des prix, et de 84,3 milliards de dollars en raison de la croissance de productivité de 2,5 fois, et de 6,1 milliards de dollars en raison de la croissance démographique. La croissance annuelle moyenne du PIB était de 3,1%. La valeur minimale était de 28,3 milliards de dollars en 1970. La valeur maximale était de 595,9 milliards de dollars en 2019.

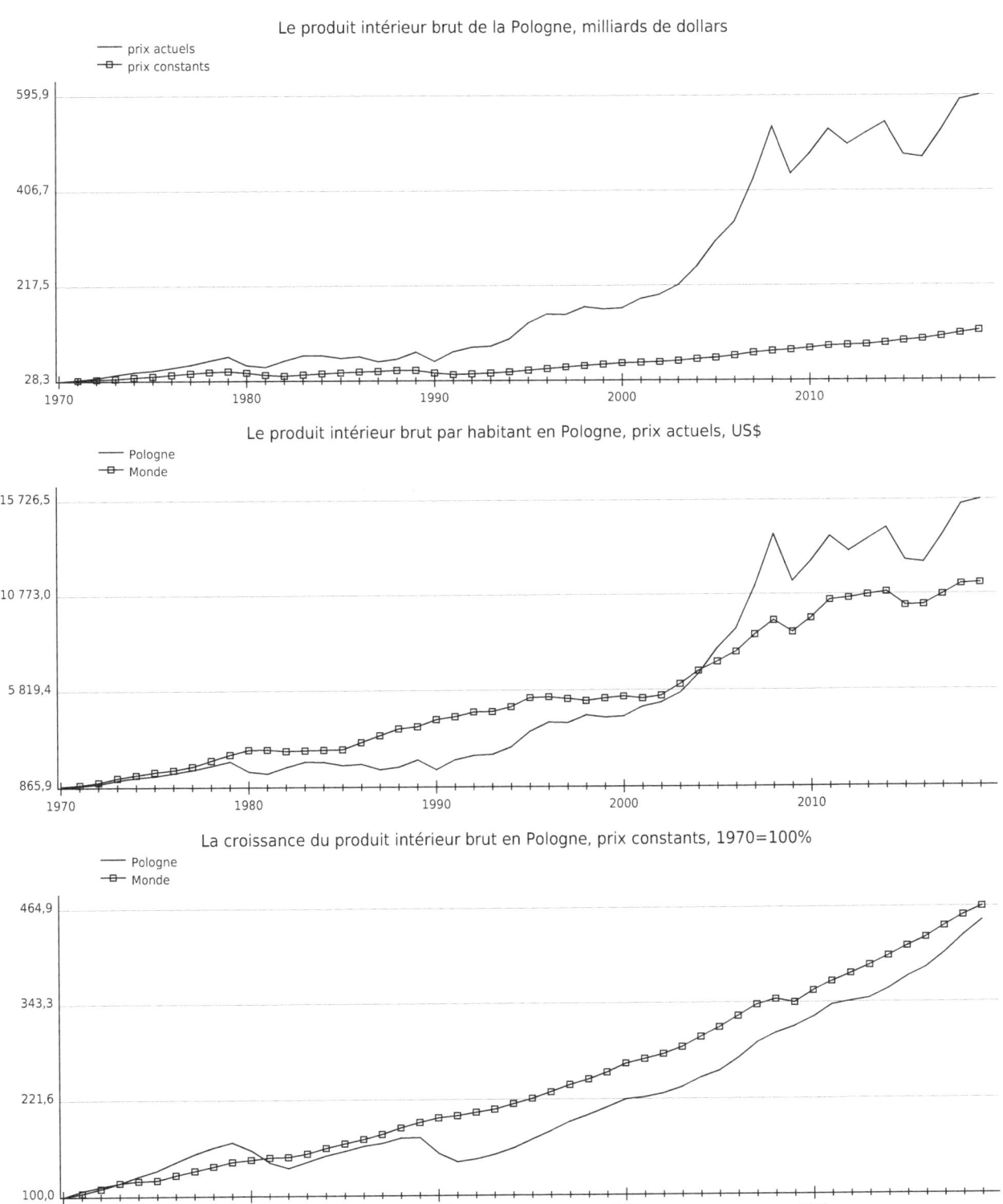

Les années 1970

Le PIB de la Pologne était de 49,0 milliards de dollars par an dans les années 1970, se classant au 22ème rang mondial à égalité avec l'Iran (48,5 milliards de dollars). La part dans le monde était de 0,75% et de 1,8% en Europe.

Le produit intérieur brut de la Pologne était constitué des dépenses ménagères (62,8%), de la formation de capital (20,4%) et des dépenses publiques (19,7%).

Le produit intérieur brut par habitant en Pologne était de 1448.3 dollars dans les années 1970, au 66ème rang mondial, à égalité avec l'Uruguay (1 440,1 de dollars), les Îles Vierges britanniques (1 457,0 de dollars), la Jamaïque (1 434,9 de dollars). Le PIB par habitant en Pologne était 10,6% inférieur le PIB par habitant au Monde (1 620,8 US$), et 2,6 fois inférieur le produit intérieur brut par habitant en Europe (3 694,0 US$).

La croissance du produit intérieur brut en Pologne était de 5.9% dans les années 1970, se classant au 56ème rang mondial, à égalité avec le Honduras (5,9%), les Philippines (6,0%). La croissance du PIB en Pologne (5,9%) a été supérieure à celle du monde (4,1%), et supérieure à celle de l'Europe (3,6%).

Comparaison avec les voisins. Le produit intérieur brut de la Pologne était supérieur à celui de la Tchécoslovaquie (28,2 milliards de dollars); mais inférieur à celui de l'URSS (649,4 milliards de dollars) et de l'Allemagne (484,2 milliards de dollars). Le PIB par habitant en Pologne était inférieur à celui de l'Allemagne (6 148,9 de dollars), de l'URSS (2 574,9 de dollars) et de la Tchécoslovaquie (1 905,1 de dollars). La croissance du produit intérieur brut en Pologne était supérieure à celle de l'URSS (4,8%), de la Tchécoslovaquie (4,7%) et de l'Allemagne (3,1%).

Comparaison avec les leaders. Le produit intérieur brut de la Pologne était inférieur à celui des États-Unis (1,7 billions de dollars), de l'URSS (649,4 milliards de dollars), du Japon (558,0 milliards de dollars), de l'Allemagne (484,2 milliards de dollars) et de la France (333,2 milliards de dollars). Le produit intérieur brut par habitant en Pologne était inférieur à celui des États-Unis (7 838,7 de dollars), de la France (6 214,9 de dollars), de l'Allemagne (6 148,9 de dollars), du Japon (5 011,3 de dollars) et de l'URSS (2 574,9 de dollars). La croissance du produit intérieur brut en Pologne était supérieure à celle de l'URSS (4,8%), du Japon (4,6%), de la France (3,9%), des États-Unis (3,5%) et de l'Allemagne (3,1%).

Les années 1980

Le PIB de la Pologne était de 71,2 milliards de dollars par an dans les années 1980, se situant au 30ème rang mondial à égalité avec la Finlande (71,2 milliards de dollars), la Yougoslavie (69,9 milliards de dollars). La part dans le monde était de 0,47% et de 1,3% en Europe.

Le PIB de la Pologne était constitué des dépenses ménagères (57,1%), de la formation de capital (23,9%) et des dépenses publiques (19,6%).

Le produit intérieur brut par habitant en Pologne était de 1932.9 dollars dans les années 1980, au 84ème rang mondial, à égalité avec la Malaisie (1 971,3 de dollars), le Nigeria (1 976,7 de dollars). Le PIB par habitant en Pologne était 38,1% inférieur le PIB par habitant au Monde (3 123,4 US$), et 3,7 fois inférieur le PIB par habitant en Europe (7 066,6 US$).

La croissance du PIB en Pologne était de 0.3% dans les années 1980, se situant au 159ème rang mondial. La croissance du produit intérieur brut en Pologne (0,32%) a été inférieure à celle du monde (3,0%), et inférieure à celle de l'Europe (2,5%).

Comparaison avec les voisins. Le produit intérieur brut de la Pologne était supérieur à celui de la Tchécoslovaquie (52,5 milliards de dollars); mais inférieur à celui de l'Allemagne (990,0 milliards de dollars) et de l'URSS (887,0 milliards de dollars). Le PIB par habitant en Pologne était inférieur à celui de l'Allemagne (12 688,8 de dollars), de la Tchécoslovaquie (3 391,8 de dollars) et de l'URSS (3 222,9 de dollars). La croissance du PIB en Pologne était inférieure à celle de l'URSS (4,3%), de l'Allemagne (1,9%) et de la Tchécoslovaquie (1,9%).

Comparaison avec les leaders. Le PIB de la Pologne était inférieur à celui des États-Unis (4,2 billions de dollars), du Japon (1,8 billions de dollars), de l'Allemagne (990,0 milliards de dollars), de l'URSS (887,0 milliards de dollars) et de la France (729,5 milliards de dollars). Le PIB par habitant en Pologne était inférieur à celui des États-Unis (17 427,1 de dollars), du Japon (14 970,9 de dollars), de la France (12 907,5 de dollars), de l'Allemagne (12 688,8 de dollars) et de l'URSS (3 222,9 de dollars). La croissance du PIB en Pologne était inférieure à celle de l'URSS (4,3%), du Japon (4,3%), des États-Unis (3,1%), de la France (2,3%) et de l'Allemagne (1,9%).

Les années 1990

Chapitre I. Produit intérieur brut

Le PIB de la Pologne était de 126,0 milliards de dollars par an dans les années 1990, au 31ème rang mondial à égalité avec la Grèce (126,4 milliards de dollars), la Finlande (123,7 milliards de dollars). La part dans le monde était de 0,44% et de 1,3% en Europe.

Le PIB de la Pologne était constitué des dépenses ménagères (60,5%), de la formation de capital (21,4%) et des dépenses publiques (19,5%).

Le PIB par habitant en Pologne était de 3284.6 dollars dans les années 1990, se situant au 82ème rang mondial, à égalité avec le Panama (3 305,2 de dollars), les Caraïbes (3 311,6 de dollars), la Slovaquie (3 331,5 de dollars). Le produit intérieur brut par habitant en Pologne était 34,6% inférieur le produit intérieur brut par habitant au Monde (5 020,1 US$), et 4,1 fois inférieur le produit intérieur brut par habitant en Europe (13 469,1 US$).

La croissance du produit intérieur brut en Pologne était de 2% dans les années 1990, se classant au 137ème rang mondial, à égalité avec les Tonga (2,0%), la France (2,0%), Monaco (2,0%). La croissance du produit intérieur brut en Pologne (2,0%) a été inférieure à celle du monde (2,8%), et supérieure à celle de l'Europe (1,4%).

Comparaison avec les voisins. Le produit intérieur brut de la Pologne était supérieur à celui de l'Ukraine (61,5 milliards de dollars), de la Tchéquie (51,6 milliards de dollars), de la Slovaquie (17,9 milliards de dollars) et de la Biélorussie (16,3 milliards de dollars); mais inférieur à celui de l'Allemagne (2,2 billions de dollars). Le PIB par habitant en Pologne était supérieur à celui de la Biélorussie (1 617,3 de dollars) et de l'Ukraine (1 211,6 de dollars); mais inférieur à celui de l'Allemagne (27 003,8 de dollars), de la Tchéquie (4 987,7 de dollars) et de la Slovaquie (3 331,5 de dollars). La croissance du produit intérieur brut en Pologne était supérieure à celle de la Slovaquie (0,79%), de la Tchéquie (0,12%), de la Biélorussie (-2,0%) et de l'Ukraine (-9,5%); mais inférieure à celle de l'Allemagne (2,2%).

Comparaison avec les leaders. Le PIB de la Pologne était inférieur à celui des États-Unis (7,6 billions de dollars), du Japon (4,3 billions de dollars), de l'Allemagne (2,2 billions de dollars), de la France (1,4 billions de dollars) et du Royaume-Uni (1,3 billions de dollars). Le PIB par habitant en Pologne était inférieur à celui du Japon (34 325,0 de dollars), des États-Unis (28 654,0 de dollars), de l'Allemagne (27 003,8 de dollars), de la France (24 100,9 de dollars) et du Royaume-Uni (22 920,4 de dollars). La croissance du produit intérieur brut en Pologne était supérieure à celle du Japon (1,5%); mais inférieure à celle des États-Unis (3,2%), du Royaume-Uni (2,3%), de l'Allemagne (2,2%) et de la France (2,0%).

Les années 2000

Le produit intérieur brut de la Pologne était de 308,8 milliards de dollars par an dans les années 2000, se classant au 23ème rang mondial à égalité avec l'Arabie saoudite (310,8 milliards de dollars), l'Autriche (304,1 milliards de dollars). La part dans le monde était de 0,66% et de 2,0% en Europe.

Le PIB de la Pologne était constitué des dépenses ménagères (62,8%), de la formation de capital (21,9%) et des dépenses publiques (18,5%).

Le PIB par habitant en Pologne était de 8038 dollars dans les années 2000, se situant au 73ème rang mondial, à égalité avec la Lettonie (8 103,3 de dollars), le Mexique (8 216,3 de dollars). Le produit intérieur brut par habitant en Pologne était 12,0% supérieur le produit intérieur brut par habitant au Monde (7 176,3 US$), et 2,6 fois inférieur le produit intérieur brut par habitant en Europe (21 115,4 US$).

La croissance du produit intérieur brut en Pologne était de 4% dans les années 2000, au 98ème rang mondial, à égalité avec le Paraguay (4,0%), le Chili (4,0%). La croissance du produit intérieur brut en Pologne (4,0%) a été supérieure à celle du monde (3,0%), et supérieure à celle de l'Europe (1,8%).

Comparaison avec les voisins. Le PIB de la Pologne était supérieur à celui de la Tchéquie (136,0 milliards de dollars), de l'Ukraine (89,4 milliards de dollars), de la Slovaquie (51,3 milliards de dollars) et de la Biélorussie (31,1 milliards de dollars); mais inférieur à celui de l'Allemagne (2,8 billions de dollars). Le produit intérieur brut par habitant en Pologne était supérieur à celui de la Biélorussie (3 232,8 de dollars) et de l'Ukraine (1 894,9 de dollars); mais inférieur à celui de l'Allemagne (33 966,8 de dollars), de la Tchéquie (13 184,6 de dollars) et de la Slovaquie (9 502,4 de dollars). La croissance du produit intérieur brut en Pologne était supérieure à celle de la Tchéquie (3,3%) et de l'Allemagne (0,73%); mais inférieure à celle de la Biélorussie (7,2%), de l'Ukraine (4,5%) et de la Slovaquie (4,5%).

Comparaison avec les leaders. Le produit intérieur brut de la Pologne était inférieur à celui des États-Unis (12,6 billions de dollars), du

Japon (4,7 billions de dollars), de l'Allemagne (2,8 billions de dollars), de la Chine (2,6 billions de dollars) et du Royaume-Uni (2,3 billions de dollars). Le PIB par habitant en Pologne était supérieur à celui de la Chine (1 954,1 de dollars); mais inférieur à celui des États-Unis (42 841,2 de dollars), du Royaume-Uni (38 399,3 de dollars), du Japon (36 386,2 de dollars) et de l'Allemagne (33 966,8 de dollars). La croissance du PIB en Pologne était supérieure à celle des États-Unis (1,9%), du Royaume-Uni (1,7%), de l'Allemagne (0,73%) et du Japon (0,50%); mais inférieure à celle de la Chine (10,3%).

Les années 2010

Le produit intérieur brut de la Pologne était de 523,0 milliards de dollars par an dans les années 2010, au 23ème rang mondial. La part dans le monde était de 0,67% et de 2,5% en Europe.

Le produit intérieur brut de la Pologne était constitué des dépenses ménagères (59,7%), de la formation de capital (20,6%) et des dépenses publiques (18,1%).

Le PIB par habitant en Pologne était de 13732.3 dollars dans les années 2010, se situant au 72ème rang mondial, à égalité avec la Croatie (13 502,0 de dollars), les Palaos (13 975,2 de dollars). Le PIB par habitant en Pologne était 29,5% supérieur le PIB par habitant au Monde (10 603,1 US$), et 2,1 fois inférieur le produit intérieur brut par habitant en Europe (28 186,8 US$).

La croissance du produit intérieur brut en Pologne était de 3.6% dans les années 2010, se situant au 86ème rang mondial, à égalité avec la Thaïlande (3,6%), le Nigeria (3,6%), le Kosovo (3,6%). La croissance du PIB en Pologne (3,6%) a été supérieure à celle du monde (3,1%), et supérieure à celle de l'Europe (1,6%).

Comparaison avec les voisins. Le produit intérieur brut de la Pologne était 2,4 fois supérieur à celui de la Tchéquie (217,1 milliards de dollars), 3,8 fois supérieur à celui de l'Ukraine (137,3 milliards de dollars), 5,4 fois supérieur à celui de la Slovaquie (96,8 milliards de dollars) et 8,4 fois supérieur à celui de la Biélorussie (62,1 milliards de dollars); mais 7,0 fois inférieur à celui de l'Allemagne (3,7 billions de dollars). Le PIB par habitant en Pologne était 2,1 fois supérieur à celui de la Biélorussie (6 582,1 de dollars) et 4,5 fois supérieur à celui de l'Ukraine (3 053,7 de dollars); mais 3,3 fois inférieur à celui de l'Allemagne (44 732,1 de dollars), 32,9% inférieur à celui de la Tchéquie (20 466,5 de dollars) et 23,0% inférieur à celui de la Slovaquie (17 829,7 de dollars). La croissance du produit intérieur brut en Pologne était supérieure à celle de la Slovaquie (3,0%), de la Tchéquie (2,4%), de l'Allemagne (1,9%), de la Biélorussie (1,8%) et de l'Ukraine (0,012%).

Comparaison avec les leaders. Le produit intérieur brut de la Pologne était 34,3 fois inférieur à celui des États-Unis (18,0 billions de dollars), 20,1 fois inférieur à celui de la Chine (10,5 billions de dollars), 10,0 fois inférieur à celui du Japon (5,2 billions de dollars), 7,0 fois inférieur à celui de l'Allemagne (3,7 billions de dollars) et 5,3 fois inférieur à celui du Royaume-Uni (2,8 billions de dollars). Le PIB par habitant en Pologne était 83,3% supérieur à celui de la Chine (7 491,3 de dollars); mais 4,1 fois inférieur à celui des États-Unis (56 220,1 de dollars), 3,3 fois inférieur à celui de l'Allemagne (44 732,1 de dollars), 3,1 fois inférieur à celui du Royaume-Uni (42 176,3 de dollars) et 3,0 fois inférieur à celui du Japon (40 869,8 de dollars). La croissance du produit intérieur brut en Pologne était supérieure à celle des États-Unis (2,3%), de l'Allemagne (1,9%), du Royaume-Uni (1,8%) et du Japon (1,3%); mais inférieure à celle de la Chine (7,7%).

Chapitre II. Valeur ajoutée

La valeur ajoutée de la Pologne est passé de 48,7 milliards de dollars par an dans les années 1970 à 461,3 milliards de dollars par an dans les années 2010, c'est-à-dire 412,6 milliards de dollars ou de 9,5 fois. La variation a été de 322,3 milliards de dollars en raison de l'augmentation de 3,3 fois des prix, et de 84,2 milliards de dollars en raison de la croissance de productivité de 2,5 fois, et de 6,1 milliards de dollars en raison de la croissance démographique. La croissance annuelle moyenne de la valeur ajoutée était de 3,1%. La valeur minimale était de 28,0 milliards de dollars en 1970. La valeur maximale était de 523,7 milliards de dollars en 2019.

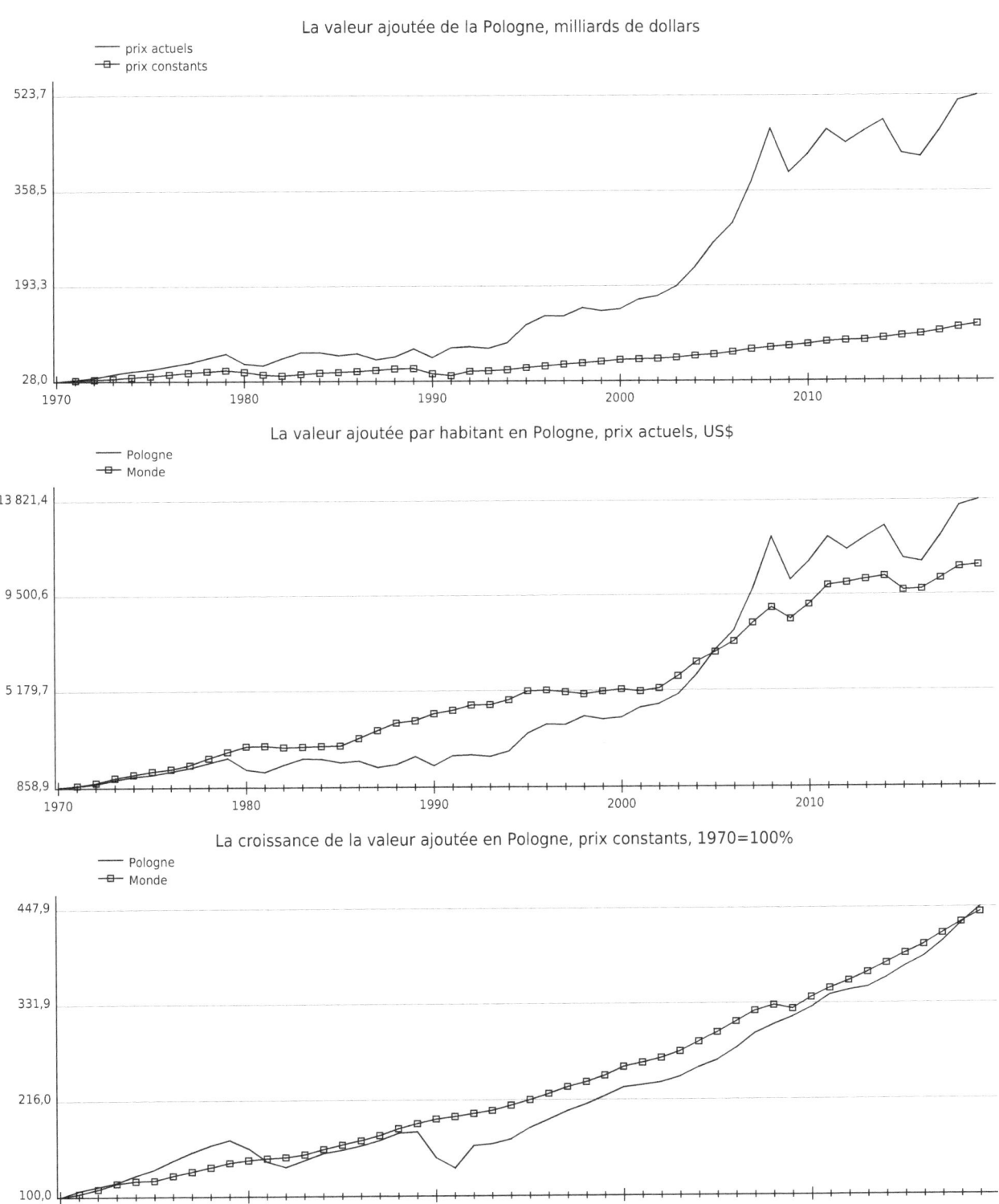

Les années 1970

La valeur ajoutée de la Pologne était de 48,7 milliards de dollars par an dans les années 1970, se situant au 22ème rang mondial à égalité avec l'Iran (49,0 milliards de dollars). La part dans le monde était de 0,77% et de 1,9% en Europe.

La valeur ajoutée totale de la Pologne était constituée de: industrie (40,9%), services (19,5%), agriculture (13,7%), construction (11,1%), commerce (9,4%), transport (5,4%).

La valeur ajoutée par habitant en Pologne était de 1436.5 dollars dans les années 1970, se situant au 63ème rang mondial, à égalité avec les Îles Vierges britanniques (1 423,3 de dollars), l'Amérique centrale (1 417,5 de dollars), Cuba (1 417,2 de dollars). La valeur ajoutée par habitant en Pologne était 8,2% inférieure la valeur ajoutée par habitant au Monde (1 564,4 US$), et 2,4 fois inférieure la valeur ajoutée par habitant en Europe (3 506,2 US$).

La croissance de la valeur ajoutée en Pologne était de 6% dans les années 1970, se situant au 57ème rang mondial, à égalité avec les Îles Vierges britanniques (5,9%), l'Amérique du Sud (6,0%), la Yougoslavie (6,0%). La croissance de la valeur ajoutée en Pologne (6,0%) a été supérieure à celle du monde (3,9%), et supérieure à celle de l'Europe (3,4%).

Comparaison avec les voisins. La valeur ajoutée de la Pologne était supérieure à celle de la Tchécoslovaquie (28,2 milliards de dollars); mais inférieure à celle de l'URSS (649,4 milliards de dollars) et de l'Allemagne (444,9 milliards de dollars). La valeur ajoutée par habitant en Pologne était inférieure à celle de l'Allemagne (5 650,3 de dollars), de l'URSS (2 574,9 de dollars) et de la Tchécoslovaquie (1 905,1 de dollars). La croissance de la valeur ajoutée en Pologne était supérieure à celle de l'URSS (4,8%), de la Tchécoslovaquie (4,7%) et de l'Allemagne (3,1%).

Comparaison avec les leaders. La valeur ajoutée de la Pologne était inférieure à celle des États-Unis (1,7 billions de dollars), de l'URSS (649,4 milliards de dollars), du Japon (545,3 milliards de dollars), de l'Allemagne (444,9 milliards de dollars) et de la France (297,3 milliards de dollars). La valeur ajoutée par habitant en Pologne était inférieure à celle des États-Unis (7 767,9 de dollars), de l'Allemagne (5 650,3 de dollars), de la France (5 544,4 de dollars), du Japon (4 897,5 de dollars) et de l'URSS (2 574,9 de dollars). La croissance de la valeur ajoutée en Pologne était supérieure à celle du Japon (4,9%), de l'URSS (4,8%), de la France (3,7%), de l'Allemagne (3,1%) et des États-Unis (2,9%).

Les années 1980

La valeur ajoutée de la Pologne était de 70,6 milliards de dollars par an dans les années 1980, au 28ème rang mondial à égalité avec le Danemark (68,9 milliards de dollars). La part dans le monde était de 0,48% et de 1,4% en Europe.

La valeur ajoutée totale de la Pologne était constituée de: industrie (41,0%), services (19,5%), agriculture (13,5%), construction (11,2%), commerce (9,4%), transport (5,4%).

La valeur ajoutée par habitant en Pologne était de 1916.2 dollars dans les années 1980, au 82ème rang mondial, à égalité avec la Turquie (1 913,9 de dollars), le Nigeria (1 937,3 de dollars). La valeur ajoutée par habitant en Pologne était 36,8% inférieure la valeur ajoutée par habitant au Monde (3 029,9 US$), et 3,5 fois inférieure la valeur ajoutée par habitant en Europe (6 647,9 US$).

La croissance de la valeur ajoutée en Pologne était de 0.5% dans les années 1980, se situant au 155ème rang mondial. La croissance de la valeur ajoutée en Pologne (0,55%) a été inférieure à celle du monde (2,9%), et inférieure à celle de l'Europe (2,6%).

Comparaison avec les voisins. La valeur ajoutée de la Pologne était supérieure à celle de la Tchécoslovaquie (52,5 milliards de dollars); mais inférieure à celle de l'Allemagne (907,0 milliards de dollars) et de l'URSS (887,0 milliards de dollars). La valeur ajoutée par habitant en Pologne était inférieure à celle de l'Allemagne (11 624,4 de dollars), de la Tchécoslovaquie (3 391,8 de dollars) et de l'URSS (3 222,9 de dollars). La croissance de la valeur ajoutée en Pologne était inférieure à celle de l'URSS (4,3%), de l'Allemagne (2,0%) et de la Tchécoslovaquie (1,9%).

Comparaison avec les leaders. La valeur ajoutée de la Pologne était inférieure à celle des États-Unis (4,2 billions de dollars), du Japon (1,8 billions de dollars), de l'Allemagne (907,0 milliards de dollars), de l'URSS (887,0 milliards de dollars) et de la France (650,9 milliards de dollars). La valeur ajoutée par habitant en Pologne était inférieure à celle des États-Unis (17 439,9 de dollars), du Japon (14 839,7 de dollars), de l'Allemagne (11 624,4 de dollars), de la France (11 516,2 de dollars) et de l'URSS (3 222,9 de dollars). La croissance de la valeur ajoutée en Pologne était inférieure à celle de l'URSS (4,3%), du Japon (4,2%), des États-Unis (2,8%), de la France (2,2%) et de l'Allemagne (2,0%).

Les années 1990

Chapitre II. Valeur ajoutée

La valeur ajoutée de la Pologne était de 113,3 milliards de dollars par an dans les années 1990, au 31ème rang mondial à égalité avec les Caraïbes (113,5 milliards de dollars), l'Iran (112,6 milliards de dollars), la Grèce (115,3 milliards de dollars). La part dans le monde était de 0,41% et de 1,3% en Europe.

La valeur ajoutée totale de la Pologne était constituée de: industrie (29,8%), services (29,6%), commerce (18,5%), construction (9,1%), transport (7,5%), agriculture (5,5%).

La valeur ajoutée par habitant en Pologne était de 2954.5 dollars dans les années 1990, au 82ème rang mondial, à égalité avec l'Afrique australe (2 940,0 de dollars), la Slovaquie (2 914,5 de dollars), l'Estonie (3 006,4 de dollars). La valeur ajoutée par habitant en Pologne était 38,4% inférieure la valeur ajoutée par habitant au Monde (4 799,9 US$), et 4,2 fois inférieure la valeur ajoutée par habitant en Europe (12 269,4 US$).

La croissance de la valeur ajoutée en Pologne était de 2.2% dans les années 1990, se classant au 127ème rang mondial, à égalité avec la Belgique (2,1%), les Caraïbes (2,2%), le Gabon (2,2%). La croissance de la valeur ajoutée en Pologne (2,2%) a été inférieure à celle du monde (2,7%), et supérieure à celle de l'Europe (1,3%).

Comparaison avec les voisins. La valeur ajoutée de la Pologne était supérieure à celle de l'Ukraine (59,8 milliards de dollars), de la Tchéquie (46,4 milliards de dollars), de la Slovaquie (15,6 milliards de dollars) et de la Biélorussie (14,9 milliards de dollars); mais inférieure à celle de l'Allemagne (2,0 billions de dollars). La valeur ajoutée par habitant en Pologne était supérieure à celle de la Slovaquie (2 914,5 de dollars), de la Biélorussie (1 479,7 de dollars) et de l'Ukraine (1 177,9 de dollars); mais inférieure à celle de l'Allemagne (24 519,7 de dollars) et de la Tchéquie (4 487,0 de dollars). La croissance de la valeur ajoutée en Pologne était supérieure à celle de l'Allemagne (2,1%), de la Slovaquie (1,4%), de la Tchéquie (-0,52%), de la Biélorussie (-3,7%) et de l'Ukraine (-11,3%).

Comparaison avec les leaders. La valeur ajoutée de la Pologne était inférieure à celle des États-Unis (7,6 billions de dollars), du Japon (4,3 billions de dollars), de l'Allemagne (2,0 billions de dollars), de la France (1,3 billions de dollars) et du Royaume-Uni (1,2 billions de dollars). La valeur ajoutée par habitant en Pologne était inférieure à celle du Japon (34 190,7 de dollars), des États-Unis (28 605,8 de dollars), de l'Allemagne (24 519,7 de dollars), de la France (21 588,1 de dollars) et du Royaume-Uni (21 414,8 de dollars). La croissance de la valeur ajoutée en Pologne était supérieure à celle de l'Allemagne (2,1%), de la France (1,8%) et du Japon (1,8%); mais inférieure à celle des États-Unis (2,8%) et du Royaume-Uni (2,4%).

Les années 2000

La valeur ajoutée de la Pologne était de 271,7 milliards de dollars par an dans les années 2000, se situant au 23ème rang mondial à égalité avec l'Autriche (271,4 milliards de dollars). La part dans le monde était de 0,61% et de 2,0% en Europe.

La valeur ajoutée totale de la Pologne était constituée de: services (34,4%), industrie (24,6%), commerce (20,0%), transport (10,0%), construction (7,8%), agriculture (3,2%).

La valeur ajoutée par habitant en Pologne était de 7072.1 dollars dans les années 2000, se situant au 73ème rang mondial, à égalité avec la Lituanie (7 001,5 de dollars), l'Asie de l'Ouest (6 918,5 de dollars), la Lettonie (7 242,9 de dollars). La valeur ajoutée par habitant en Pologne était 3,7% supérieure la valeur ajoutée par habitant au Monde (6 818,0 US$), et 2,7 fois inférieure la valeur ajoutée par habitant en Europe (18 944,1 US$).

La croissance de la valeur ajoutée en Pologne était de 3.6% dans les années 2000, se situant au 103ème rang mondial, à égalité avec Chypre (3,6%), la Slovaquie (3,6%), la Turquie (3,7%). La croissance de la valeur ajoutée en Pologne (3,6%) a été supérieure à celle du monde (2,9%), et supérieure à celle de l'Europe (1,7%).

Comparaison avec les voisins. La valeur ajoutée de la Pologne était supérieure à celle de la Tchéquie (123,4 milliards de dollars), de l'Ukraine (79,0 milliards de dollars), de la Slovaquie (45,9 milliards de dollars) et de la Biélorussie (26,5 milliards de dollars); mais inférieure à celle de l'Allemagne (2,5 billions de dollars). La valeur ajoutée par habitant en Pologne était supérieure à celle de la Biélorussie (2 756,1 de dollars) et de l'Ukraine (1 673,3 de dollars); mais inférieure à celle de l'Allemagne (30 717,6 de dollars), de la Tchéquie (11 968,8 de dollars) et de la Slovaquie (8 507,1 de dollars). La croissance de la valeur ajoutée en Pologne était supérieure à celle de la Slovaquie (3,6%), de la Tchéquie (2,7%) et de l'Allemagne (0,65%); mais inférieure à celle de la Biélorussie (6,2%) et de l'Ukraine (5,6%).

Comparaison avec les leaders. La valeur ajoutée de la Pologne était inférieure à celle des États-Unis (12,6 billions de dollars), du Japon (4,7 billions de dollars), de la Chine (2,6 billions de dollars), de l'Allemagne (2,5 billions de dollars) et du Royaume-Uni (2,1 billions de dollars). La valeur ajoutée par habitant en Pologne était supérieure à celle de la Chine (1 954,1 de dollars); mais inférieure à celle des États-Unis (42 840,8 de dollars), du Japon (36 383,0 de dollars), du Royaume-Uni (34 611,1 de dollars) et de l'Allemagne (30 717,6 de dollars). La croissance de la valeur ajoutée en Pologne était supérieure à celle des États-Unis (1,7%), du Royaume-Uni (1,7%), de l'Allemagne (0,65%) et du Japon (0,27%); mais inférieure à celle de la Chine (10,2%).

Les années 2010

La valeur ajoutée de la Pologne était de 461,3 milliards de dollars par an dans les années 2010, se classant au 24ème rang mondial à égalité avec l'Argentine (465,4 milliards de dollars), la Belgique (453,2 milliards de dollars). La part dans le monde était de 0,62% et de 2,5% en Europe.

La valeur ajoutée totale de la Pologne était constituée de: services (34,3%), industrie (25,1%), commerce (19,4%), transport (10,4%), construction (7,7%), agriculture (3,1%).

La valeur ajoutée par habitant en Pologne était de 12110.4 dollars dans les années 2010, se classant au 71ème rang mondial, à égalité avec la Hongrie (12 069,4 de dollars), les Seychelles (11 866,3 de dollars), le Panama (12 359,1 de dollars). La valeur ajoutée par habitant en Pologne était 20,0% supérieure la valeur ajoutée par habitant au Monde (10 094,6 US$), et 2,1 fois inférieure la valeur ajoutée par habitant en Europe (25 251,2 US$).

La croissance de la valeur ajoutée en Pologne était de 3.6% dans les années 2010, se classant au 86ème rang mondial, à égalité avec la Lituanie (3,6%), la Somalie (3,6%), le Nigeria (3,6%). La croissance de la valeur ajoutée en Pologne (3,6%) a été supérieure à celle du monde (3,1%), et supérieure à celle de l'Europe (1,6%).

Comparaison avec les voisins. La valeur ajoutée de la Pologne était 2,4 fois supérieure à celle de la Tchéquie (195,6 milliards de dollars), 3,9 fois supérieure à celle de l'Ukraine (118,4 milliards de dollars), 5,3 fois supérieure à celle de la Slovaquie (87,2 milliards de dollars) et 8,5 fois supérieure à celle de la Biélorussie (54,2 milliards de dollars); mais 7,2 fois inférieure à celle de l'Allemagne (3,3 billions de dollars). La valeur ajoutée par habitant en Pologne était 2,1 fois supérieure à celle de la Biélorussie (5 748,8 de dollars) et 4,6 fois supérieure à celle de l'Ukraine (2 634,2 de dollars); mais 3,3 fois inférieure à celle de l'Allemagne (40 346,4 de dollars), 34,3% inférieure à celle de la Tchéquie (18 442,5 de dollars) et 24,6% inférieure à celle de la Slovaquie (16 063,2 de dollars). La croissance de la valeur ajoutée en Pologne était supérieure à celle de la Slovaquie (2,7%), de la Tchéquie (2,4%), de l'Allemagne (1,9%), de la Biélorussie (1,7%) et de l'Ukraine (-0,011%).

Comparaison avec les leaders. La valeur ajoutée de la Pologne était 38,9 fois inférieure à celle des États-Unis (18,0 billions de dollars), 22,8 fois inférieure à celle de la Chine (10,5 billions de dollars), 11,3 fois inférieure à celle du Japon (5,2 billions de dollars), 7,2 fois inférieure à celle de l'Allemagne (3,3 billions de dollars) et 5,4 fois inférieure à celle du Royaume-Uni (2,5 billions de dollars). La valeur ajoutée par habitant en Pologne était 61,7% supérieure à celle de la Chine (7 491,3 de dollars); mais 4,6 fois inférieure à celle des États-Unis (56 220,3 de dollars), 3,4 fois inférieure à celle du Japon (40 660,3 de dollars), 3,3 fois inférieure à celle de l'Allemagne (40 346,4 de dollars) et 3,1 fois inférieure à celle du Royaume-Uni (37 659,6 de dollars). La croissance de la valeur ajoutée en Pologne était supérieure à celle des États-Unis (2,2%), de l'Allemagne (1,9%), du Royaume-Uni (1,8%) et du Japon (1,3%); mais inférieure à celle de la Chine (7,7%).

Chapitre III. Revenu national brut

Le revenu national brut de la Pologne est passé de 47,3 milliards de dollars par an dans les années 1970 à 503,4 milliards de dollars par an dans les années 2010, c'est-à-dire 456,1 milliards de dollars ou de 10,6 fois. La variation a été de 369,2 milliards de dollars en raison de l'augmentation de 3,8 fois des prix, et de 81,0 milliards de dollars en raison de la croissance de productivité de 2,5 fois, et de 5,9 milliards de dollars en raison de la croissance démographique. La croissance annuelle moyenne du revenu national brut était de 3,1%. La valeur minimale était de 27,3 milliards de dollars en 1970. La valeur maximale était de 569,0 milliards de dollars en 2019.

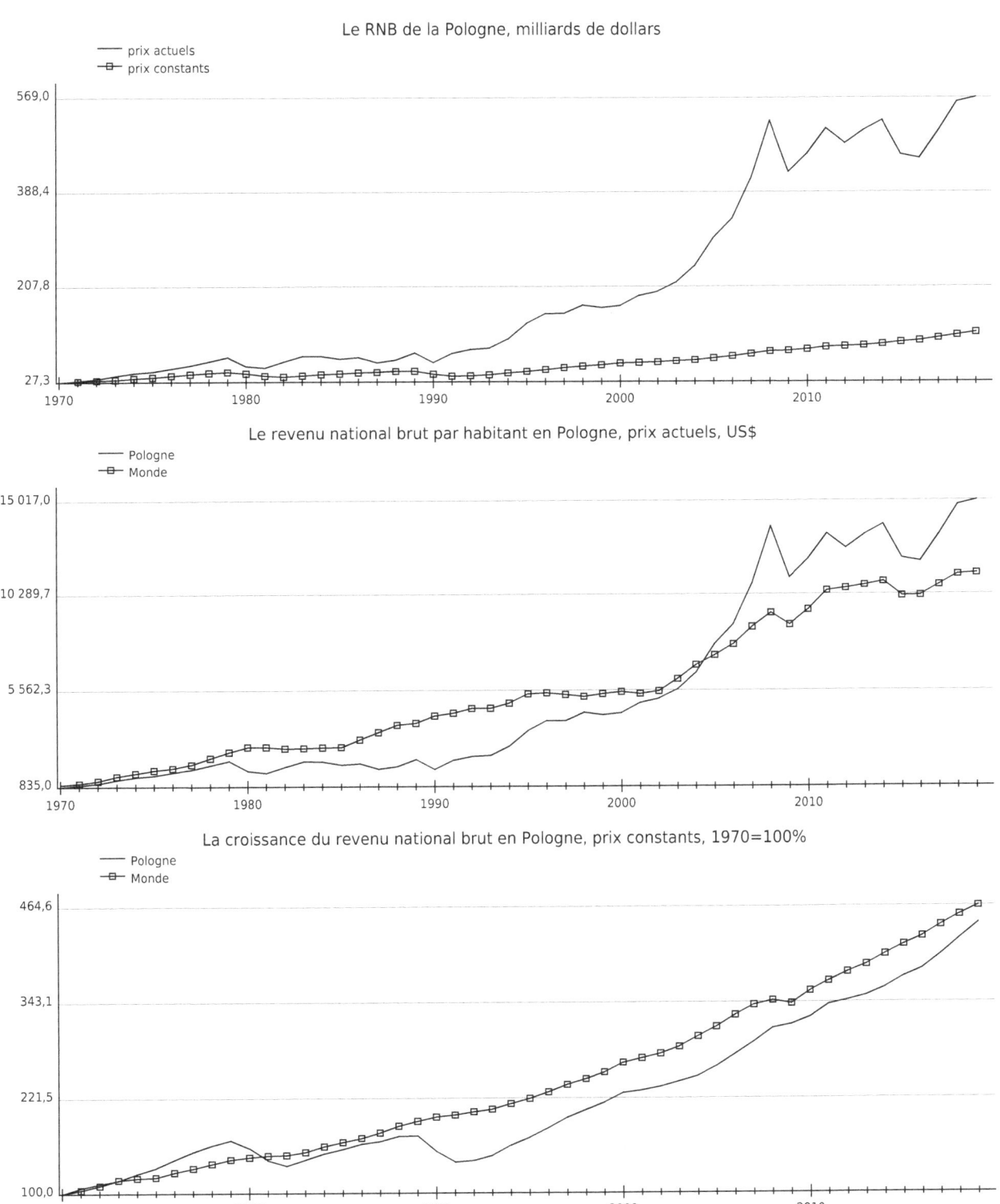

Les années 1970

Le revenu national brut de la Pologne était de 47,3 milliards de dollars par an dans les années 1970, se classant au 23ème rang mondial à égalité avec l'Iran (48,1 milliards de dollars). La part dans le monde était de 0,72% et de 1,7% en Europe.

Le revenu national brut par habitant en Pologne était de 1396.6 dollars dans les années 1970, se classant au 66ème rang mondial, à égalité avec le Liban (1 394,0 de dollars), l'Uruguay (1 425,6 de dollars). Le revenu national brut par habitant en Pologne était 14,0% inférieur le revenu national brut par habitant au Monde (1 624,3 US$), et 2,7 fois inférieur le revenu national brut par habitant en Europe (3 730,2 US$).

La croissance du RNB en Pologne était de 5.9% dans les années 1970, au 55ème rang mondial, à égalité avec le Costa Rica (5,9%), la Colombie (5,9%), le Qatar (5,9%). La croissance du RNB en Pologne (5,9%) a été supérieure à celle du monde (4,1%), et supérieure à celle de l'Europe (3,6%).

Comparaison avec les voisins. Le revenu national brut de la Pologne était supérieur à celui de la Tchécoslovaquie (28,2 milliards de dollars); mais inférieur à celui de l'URSS (649,4 milliards de dollars) et de l'Allemagne (486,2 milliards de dollars). Le RNB par habitant en Pologne était inférieur à celui de l'Allemagne (6 174,4 de dollars), de l'URSS (2 574,9 de dollars) et de la Tchécoslovaquie (1 905,1 de dollars). La croissance du revenu national brut en Pologne était supérieure à celle de l'URSS (4,8%), de la Tchécoslovaquie (4,7%) et de l'Allemagne (3,0%).

Comparaison avec les leaders. Le revenu national brut de la Pologne était inférieur à celui des États-Unis (1,7 billions de dollars), de l'URSS (649,4 milliards de dollars), du Japon (558,5 milliards de dollars), de l'Allemagne (486,2 milliards de dollars) et de la France (334,3 milliards de dollars). Le revenu national brut par habitant en Pologne était inférieur à celui des États-Unis (7 837,2 de dollars), de la France (6 235,1 de dollars), de l'Allemagne (6 174,4 de dollars), du Japon (5 015,3 de dollars) et de l'URSS (2 574,9 de dollars). La croissance du RNB en Pologne était supérieure à celle de l'URSS (4,8%), du Japon (4,7%), de la France (3,9%), des États-Unis (3,5%) et de l'Allemagne (3,0%).

Les années 1980

Le revenu national brut de la Pologne était de 68,7 milliards de dollars par an dans les années 1980, se situant au 32ème rang mondial à égalité avec la Finlande (69,8 milliards de dollars). La part dans le monde était de 0,46% et de 1,3% en Europe.

Le revenu national brut par habitant en Pologne était de 1863.9 dollars dans les années 1980, au 83ème rang mondial, à égalité avec la Malaisie (1 859,5 de dollars), l'Est (1 901,2 de dollars). Le RNB par habitant en Pologne était 40,2% inférieur le revenu national brut par habitant au Monde (3 117,1 US$), et 3,8 fois inférieur le revenu national brut par habitant en Europe (7 107,7 US$).

La croissance du RNB en Pologne était de 0.3% dans les années 1980, se situant au 157ème rang mondial. La croissance du RNB en Pologne (0,32%) a été inférieure à celle du monde (3,0%), et inférieure à celle de l'Europe (2,4%).

Comparaison avec les voisins. Le revenu national brut de la Pologne était supérieur à celui de la Tchécoslovaquie (52,5 milliards de dollars); mais inférieur à celui de l'Allemagne (996,5 milliards de dollars) et de l'URSS (887,0 milliards de dollars). Le revenu national brut par habitant en Pologne était inférieur à celui de l'Allemagne (12 771,0 de dollars), de la Tchécoslovaquie (3 391,8 de dollars) et de l'URSS (3 222,9 de dollars). La croissance du RNB en Pologne était inférieure à celle de l'URSS (4,3%), de l'Allemagne (2,0%) et de la Tchécoslovaquie (1,9%).

Comparaison avec les leaders. Le RNB de la Pologne était inférieur à celui des États-Unis (4,2 billions de dollars), du Japon (1,8 billions de dollars), de l'Allemagne (996,5 milliards de dollars), de l'URSS (887,0 milliards de dollars) et de la France (732,1 milliards de dollars). Le RNB par habitant en Pologne était inférieur à celui des États-Unis (17 362,5 de dollars), du Japon (15 042,8 de dollars), de la France (12 952,6 de dollars), de l'Allemagne (12 771,0 de dollars) et de l'URSS (3 222,9 de dollars). La croissance du revenu national brut en Pologne était inférieure à celle du Japon (4,4%), de l'URSS (4,3%), des États-Unis (3,1%), de la France (2,3%) et de l'Allemagne (2,0%).

Les années 1990

Le revenu national brut de la Pologne était de 122,1 milliards de dollars par an dans les années 1990, au 31ème rang mondial à égalité avec la Finlande (120,0 milliards de dollars). La part dans le monde était de 0,43% et de 1,3% en Europe.

Le RNB par habitant en Pologne était de 3182.8 dollars dans les années 1990, au 82ème rang mondial, à égalité avec le Liban (3 232,7 de dollars), l'Afrique australe (3 114,7 de dollars). Le RNB par habitant en Pologne était 36,2% inférieur le RNB par habitant au Monde

Chapitre III. Revenu national brut

(4 991,4 US$), et 4,2 fois inférieur le RNB par habitant en Europe (13 437,3 US$).

La croissance du RNB en Pologne était de 2.2% dans les années 1990, se situant au 127ème rang mondial, à égalité avec Macao (2,2%). La croissance du RNB en Pologne (2,2%) a été inférieure à celle du monde (2,8%), et supérieure à celle de l'Europe (1,3%).

Comparaison avec les voisins. Le revenu national brut de la Pologne était supérieur à celui de l'Ukraine (59,2 milliards de dollars), de la Tchéquie (51,1 milliards de dollars), de la Slovaquie (17,8 milliards de dollars) et de la Biélorussie (16,3 milliards de dollars); mais inférieur à celui de l'Allemagne (2,2 billions de dollars). Le RNB par habitant en Pologne était supérieur à celui de la Biélorussie (1 618,2 de dollars) et de l'Ukraine (1 165,8 de dollars); mais inférieur à celui de l'Allemagne (27 004,0 de dollars), de la Tchéquie (4 937,7 de dollars) et de la Slovaquie (3 329,4 de dollars). La croissance du RNB en Pologne était supérieure à celle de l'Allemagne (2,0%), de la Slovaquie (0,74%), de la Tchéquie (-0,023%), de la Biélorussie (-1,9%) et de l'Ukraine (-10,0%).

Comparaison avec les leaders. Le revenu national brut de la Pologne était inférieur à celui des États-Unis (7,5 billions de dollars), du Japon (4,4 billions de dollars), de l'Allemagne (2,2 billions de dollars), de la France (1,4 billions de dollars) et du Royaume-Uni (1,3 billions de dollars). Le RNB par habitant en Pologne était inférieur à celui du Japon (34 665,3 de dollars), des États-Unis (28 503,5 de dollars), de l'Allemagne (27 004,0 de dollars), de la France (24 286,5 de dollars) et du Royaume-Uni (23 037,3 de dollars). La croissance du RNB en Pologne était supérieure à celle de la France (2,2%), du Royaume-Uni (2,0%), de l'Allemagne (2,0%) et du Japon (1,5%); mais inférieure à celle des États-Unis (3,4%).

Les années 2000

Le revenu national brut de la Pologne était de 302,5 milliards de dollars par an dans les années 2000, au 24ème rang mondial à égalité avec l'Autriche (303,8 milliards de dollars). La part dans le monde était de 0,65% et de 2,0% en Europe.

Le RNB par habitant en Pologne était de 7874.6 dollars dans les années 2000, se situant au 72ème rang mondial, à égalité avec le Mexique (7 957,4 de dollars). Le revenu national brut par habitant en Pologne était 9,9% supérieur le RNB par habitant au Monde (7 165,2 US$), et 2,7 fois inférieur le RNB par habitant en Europe (21 073,1 US$).

La croissance du revenu national brut en Pologne était de 3.8% dans les années 2000, au 100ème rang mondial, à égalité avec la Gambie (3,8%). La croissance du revenu national brut en Pologne (3,8%) a été supérieure à celle du monde (3,0%), et supérieure à celle de l'Europe (1,8%).

Comparaison avec les voisins. Le revenu national brut de la Pologne était supérieur à celui de la Tchéquie (128,7 milliards de dollars), de l'Ukraine (85,0 milliards de dollars), de la Slovaquie (50,3 milliards de dollars) et de la Biélorussie (30,9 milliards de dollars); mais inférieur à celui de l'Allemagne (2,8 billions de dollars). Le RNB par habitant en Pologne était supérieur à celui de la Biélorussie (3 208,6 de dollars) et de l'Ukraine (1 800,1 de dollars); mais inférieur à celui de l'Allemagne (34 189,0 de dollars), de la Tchéquie (12 484,8 de dollars) et de la Slovaquie (9 307,8 de dollars). La croissance du RNB en Pologne était supérieure à celle de la Tchéquie (2,8%) et de l'Allemagne (1,0%); mais inférieure à celle de la Biélorussie (6,9%), de l'Ukraine (4,6%) et de la Slovaquie (4,5%).

Comparaison avec les leaders. Le RNB de la Pologne était inférieur à celui des États-Unis (12,7 billions de dollars), du Japon (4,8 billions de dollars), de l'Allemagne (2,8 billions de dollars), de la Chine (2,6 billions de dollars) et du Royaume-Uni (2,3 billions de dollars). Le RNB par habitant en Pologne était supérieur à celui de la Chine (1 950,5 de dollars); mais inférieur à celui des États-Unis (43 177,4 de dollars), du Royaume-Uni (38 514,5 de dollars), du Japon (37 144,2 de dollars) et de l'Allemagne (34 189,0 de dollars). La croissance du revenu national brut en Pologne était supérieure à celle des États-Unis (1,8%), du Royaume-Uni (1,7%), de l'Allemagne (1,0%) et du Japon (0,62%); mais inférieure à celle de la Chine (10,4%).

Les années 2010

Le revenu national brut de la Pologne était de 503,4 milliards de dollars par an dans les années 2010, se classant au 25ème rang mondial à égalité avec l'Iran (504,1 milliards de dollars), la Belgique (514,1 milliards de dollars). La part dans le monde était de 0,65% et de 2,4% en Europe.

Le revenu national brut par habitant en Pologne était de 13216 dollars dans les années 2010, au 71ème rang mondial, à égalité avec les Seychelles (13 209,9 de dollars), la Croatie (13 293,3 de dollars). Le revenu national brut par habitant en Pologne était 24,5% supérieur le revenu national brut par habitant au Monde (10 611,7 US$), et 2,1 fois inférieur le revenu national brut par habitant en Europe (28 141,7 US$).

La croissance du RNB en Pologne était de 3.5% dans les années 2010, au 93ème rang mondial, à égalité avec les Émirats arabes unis

(3,4%), la Thaïlande (3,5%), l'Afrique centrale (3,5%). La croissance du RNB en Pologne (3,5%) a été supérieure à celle du monde (3,1%), et supérieure à celle de l'Europe (1,6%).

Comparaison avec les voisins. Le revenu national brut de la Pologne était 2,5 fois supérieur à celui de la Tchéquie (202,8 milliards de dollars), 3,6 fois supérieur à celui de l'Ukraine (139,0 milliards de dollars), 5,3 fois supérieur à celui de la Slovaquie (95,0 milliards de dollars) et 8,4 fois supérieur à celui de la Biélorussie (60,2 milliards de dollars); mais 7,4 fois inférieur à celui de l'Allemagne (3,7 billions de dollars). Le RNB par habitant en Pologne était 2,1 fois supérieur à celui de la Biélorussie (6 379,2 de dollars) et 4,3 fois supérieur à celui de l'Ukraine (3 092,0 de dollars); mais 3,5 fois inférieur à celui de l'Allemagne (45 801,3 de dollars), 30,9% inférieur à celui de la Tchéquie (19 114,2 de dollars) et 24,4% inférieur à celui de la Slovaquie (17 492,5 de dollars). La croissance du RNB en Pologne était supérieure à celle de la Slovaquie (2,9%), de la Tchéquie (2,5%), de l'Allemagne (2,0%), de la Biélorussie (1,7%) et de l'Ukraine (0,84%).

Comparaison avec les leaders. Le RNB de la Pologne était 36,4 fois inférieur à celui des États-Unis (18,3 billions de dollars), 20,8 fois inférieur à celui de la Chine (10,5 billions de dollars), 10,7 fois inférieur à celui du Japon (5,4 billions de dollars), 7,4 fois inférieur à celui de l'Allemagne (3,7 billions de dollars) et 5,5 fois inférieur à celui de la France (2,7 billions de dollars). Le revenu national brut par habitant en Pologne était 77,1% supérieur à celui de la Chine (7 463,8 de dollars); mais 4,3 fois inférieur à celui des États-Unis (57 299,9 de dollars), 3,5 fois inférieur à celui de l'Allemagne (45 801,3 de dollars), 3,2 fois inférieur à celui du Japon (42 204,7 de dollars) et 3,1 fois inférieur à celui de la France (41 404,4 de dollars). La croissance du RNB en Pologne était supérieure à celle des États-Unis (2,5%), de l'Allemagne (2,0%), du Japon (1,4%) et de la France (1,4%); mais inférieure à celle de la Chine (7,7%).

Partie II. Structure

Chapitre IV. Agriculture

Agriculture, chasse, sylviculture et pêche (ISIC A-B)

La valeur de l'agriculture en Pologne est passé de 6,7 milliards de dollars par an dans les années 1970 à 14,2 milliards de dollars par an dans les années 2010, c'est-à-dire 7,6 milliards de dollars ou de 2,1 fois. La variation a été de 4,6 milliards de dollars en raison de l'augmentation de 1,5 fois des prix, et de 2,2 milliards de dollars en raison de la croissance de productivité de 1,3 fois, et de 829,4 millions de dollars en raison de la croissance démographique. La croissance annuelle moyenne de l'agriculture était de 1,1%. La valeur minimale était de 3,8 milliards de dollars en 1970. La valeur maximale était de 16,3 milliards de dollars en 2011.

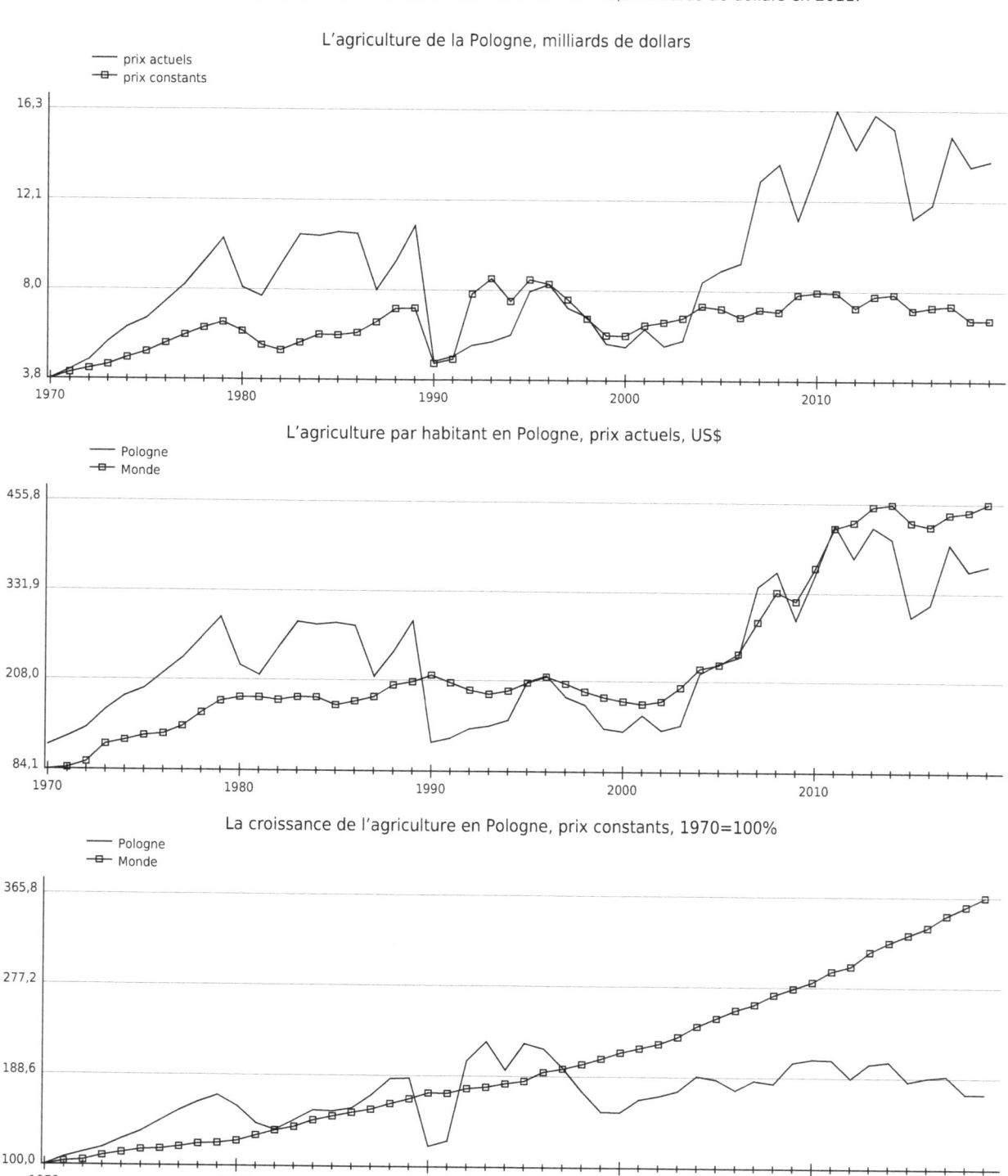

Chapitre IV. Agriculture

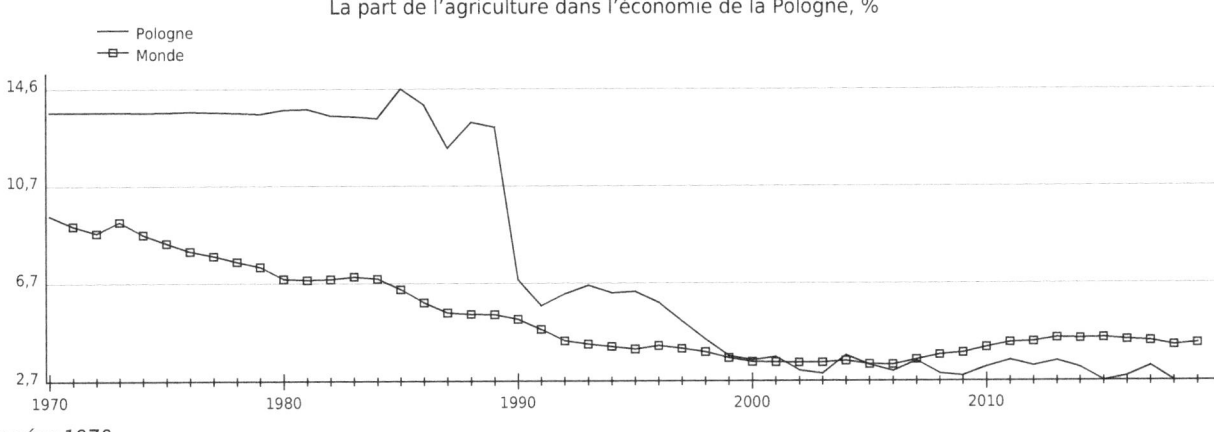

La part de l'agriculture dans l'économie de la Pologne, %

Les années 1970

L'agriculture de la Pologne était de 6,7 milliards de dollars par an dans les années 1970, se situant au 16ème rang mondial. La part dans le monde était de 1,3% et de 3,4% en Europe.

La part de l'agriculture dans l'économie de la Pologne était de 13,7% dans les années 1970, au 104ème rang mondial, à égalité avec l'URSS (13,7%), l'Est (13,6%).

L'agriculture par habitant en Pologne était de 196.5 dollars dans les années 1970, au 42ème rang mondial, à égalité avec les États-Unis (195,0 de dollars), la Polynésie (194,6 de dollars), la Belgique (193,4 de dollars). L'agriculture par habitant en Pologne était 54,0% supérieure l'agriculture par habitant au Monde (127,6 US$), et 26,8% inférieure l'agriculture par habitant en Europe (268,3 US$).

La croissance de l'agriculture en Pologne était de 6% dans les années 1970, se situant au 30ème rang mondial. La croissance de l'agriculture en Pologne (6,0%) a été supérieure à celle du monde (2,2%), et supérieure à celle de l'Europe (3,3%).

Comparaison avec les voisins. Le secteur de l'agriculture en Pologne était supérieur à celui de la Tchécoslovaquie (2,2 milliards de dollars); mais inférieur à celui de l'URSS (88,7 milliards de dollars) et de l'Allemagne (11,9 milliards de dollars). L'agriculture par habitant en Pologne était supérieure à celle de l'Allemagne (150,6 de dollars) et de la Tchécoslovaquie (145,9 de dollars); mais inférieure à celle de l'URSS (351,8 de dollars). La croissance de l'agriculture en Pologne était supérieure à celle de l'Allemagne (1,2%) et de la Tchécoslovaquie (-0,058%); mais inférieure à celle de l'URSS (7,0%).

Comparaison avec les leaders. L'agriculture de la Pologne était inférieure à celle de l'URSS (88,7 milliards de dollars), de la Chine (49,5 milliards de dollars), des États-Unis (42,6 milliards de dollars), de l'Inde (36,0 milliards de dollars) et du Japon (25,8 milliards de dollars). L'agriculture par habitant en Pologne était supérieure à celle des États-Unis (195,0 de dollars), de l'Inde (58,3 de dollars) et de la Chine (54,2 de dollars); mais inférieure à celle de l'URSS (351,8 de dollars) et du Japon (231,3 de dollars). La croissance de l'agriculture en Pologne était supérieure à celle de la Chine (2,4%), du Japon (0,52%), des États-Unis (0,34%) et de l'Inde (0,30%); mais inférieure à celle de l'URSS (7,0%).

Les années 1980

La valeur ajoutée de l'agriculture en Pologne était de 9,6 milliards de dollars par an dans les années 1980, se classant au 20ème rang mondial. La part dans le monde était de 1,1% et de 3,2% en Europe.

La part de l'agriculture dans l'économie de la Pologne était de 13,5% dans les années 1980, se situant au 92ème rang mondial, à égalité avec l'Iran (13,5%), Maurice (13,4%).

L'agriculture par habitant en Pologne était de 259.1 dollars dans les années 1980, se situant au 57ème rang mondial, à égalité avec les Salomon (258,6 de dollars), la Bulgarie (257,0 de dollars), la Côte d'Ivoire (256,0 de dollars). L'agriculture par habitant en Pologne était 38,9% supérieure l'agriculture par habitant au Monde (186,6 US$), et 32,9% inférieure l'agriculture par habitant en Europe (386,3 US$).

La croissance de l'agriculture en Pologne était de 1% dans les années 1980, se classant au 131ème rang mondial, à égalité avec la Tunisie (0,99%). La croissance de l'agriculture en Pologne (0,99%) a été inférieure à celle du monde (3,1%), et inférieure à celle de l'Europe (2,1%).

Comparaison avec les voisins. L'agriculture de la Pologne était supérieure à celle de la Tchécoslovaquie (3,4 milliards de dollars); mais inférieure à celle de l'URSS (125,8 milliards de dollars) et de l'Allemagne (16,2 milliards de dollars). L'agriculture par habitant en Pologne était supérieure à celle de la Tchécoslovaquie (217,5 de dollars) et de l'Allemagne (207,4 de dollars); mais inférieure à celle de l'URSS (457,2 de dollars). La croissance de l'agriculture en Pologne était inférieure à celle de la Tchécoslovaquie (4,9%), de l'URSS (2,8%) et de l'Allemagne (1,8%).

Comparaison avec les leaders. La valeur ajoutée de l'agriculture en Pologne était inférieure à celle de l'URSS (125,8 milliards de dollars), de la Chine (94,9 milliards de dollars), de l'Inde (70,4 milliards de dollars), des États-Unis (68,7 milliards de dollars) et du Japon (49,7 milliards de dollars). L'agriculture par habitant en Pologne était supérieure à celle de l'Inde (90,7 de dollars) et de la Chine (88,5 de dollars); mais inférieure à celle de l'URSS (457,2 de dollars), du Japon (410,0 de dollars) et des États-Unis (286,8 de dollars). La croissance de l'agriculture en Pologne était supérieure à celle du Japon (0,41%); mais inférieure à celle de la Chine (5,3%), de l'Inde (4,4%), des États-Unis (3,7%) et de l'URSS (2,8%).

Les années 1990

La valeur de l'agriculture en Pologne était de 6,2 milliards de dollars par an dans les années 1990, au 34ème rang mondial. La part dans le monde était de 0,55% et de 2,2% en Europe.

La part de l'agriculture dans l'économie de la Pologne était de 5,5% dans les années 1990, au 149ème rang mondial, à égalité avec l'Irlande (5,5%).

L'agriculture par habitant en Pologne était de 162.3 dollars dans les années 1990, se situant au 123ème rang mondial, à égalité avec les Îles Turks-et-Caïcos (160,7 de dollars), le Venezuela (165,1 de dollars), le Salvador (166,3 de dollars). L'agriculture par habitant en Pologne était 18,7% inférieure l'agriculture par habitant au Monde (199,8 US$), et 2,4 fois inférieure l'agriculture par habitant en Europe (382,2 US$).

La croissance de l'agriculture en Pologne était de -1.9% dans les années 1990, se classant au 173ème rang mondial, à égalité avec la Corée du Nord (-1,9%). La croissance de l'agriculture en Pologne (-1,9%) a été inférieure à celle du monde (2,2%), et inférieure à celle de l'Europe (-1,6%).

Comparaison avec les voisins. La valeur ajoutée de l'agriculture en Pologne était supérieure à celle de la Biélorussie (2,7 milliards de dollars), de la Tchéquie (2,1 milliards de dollars) et de la Slovaquie (400,7 millions de dollars); mais inférieure à celle de l'Allemagne (22,2 milliards de dollars) et de l'Ukraine (10,9 milliards de dollars). L'agriculture par habitant en Pologne était supérieure à celle de la Slovaquie (74,8 de dollars); mais inférieure à celle de l'Allemagne (275,5 de dollars), de la Biélorussie (266,6 de dollars), de l'Ukraine (215,3 de dollars) et de la Tchéquie (207,7 de dollars). La croissance de l'agriculture en Pologne était supérieure à celle de l'Allemagne (-3,0%), de la Biélorussie (-4,6%), de la Slovaquie (-6,0%) et de l'Ukraine (-7,1%); mais inférieure à celle de la Tchéquie (5,6%).

Comparaison avec les leaders. Le secteur de l'agriculture en Pologne était inférieur à celui de la Chine (139,0 milliards de dollars), des États-Unis (96,1 milliards de dollars), de l'Inde (91,4 milliards de dollars), du Japon (78,9 milliards de dollars) et du Brésil (36,8 milliards de dollars). L'agriculture par habitant en Pologne était supérieure à celle de la Chine (112,7 de dollars) et de l'Inde (95,6 de dollars); mais inférieure à celle du Japon (625,5 de dollars), des États-Unis (363,4 de dollars) et du Brésil (228,7 de dollars). La croissance de l'agriculture en Pologne était inférieure à celle de la Chine (4,3%), du Brésil (3,0%), de l'Inde (2,8%), des États-Unis (2,6%) et du Japon (-1,8%).

Les années 2000

La valeur ajoutée de l'agriculture en Pologne était de 8,7 milliards de dollars par an dans les années 2000, au 33ème rang mondial. La part dans le monde était de 0,56% et de 3,1% en Europe.

La part de l'agriculture dans l'économie de la Pologne était de 3,2% dans les années 2000, au 150ème rang mondial, à égalité avec les Caraïbes (3,2%), l'Australasie (3,2%).

L'agriculture par habitant en Pologne était de 227.7 dollars dans les années 2000, se classant au 112ème rang mondial, à égalité avec la Chine (224,5 de dollars), la Russie (232,9 de dollars). L'agriculture par habitant en Pologne était 5,3% inférieure l'agriculture par habitant au Monde (240,3 US$), et 41,2% inférieure l'agriculture par habitant en Europe (387,0 US$).

La croissance de l'agriculture en Pologne était de 2.8% dans les années 2000, au 83ème rang mondial, à égalité avec le Venezuela

Chapitre IV. Agriculture

(2,8%), la Suède (2,8%). La croissance de l'agriculture en Pologne (2,8%) a été inférieure à celle du monde (3,0%), et supérieure à celle de l'Europe (1,2%).

Comparaison avec les voisins. La valeur de l'agriculture en Pologne était supérieure à celle de l'Ukraine (7,4 milliards de dollars), de la Tchéquie (3,0 milliards de dollars), de la Biélorussie (2,7 milliards de dollars) et de la Slovaquie (1,1 milliards de dollars); mais inférieure à celle de l'Allemagne (23,1 milliards de dollars). L'agriculture par habitant en Pologne était supérieure à celle de la Slovaquie (195,9 de dollars) et de l'Ukraine (157,0 de dollars); mais inférieure à celle de la Tchéquie (294,7 de dollars), de l'Allemagne (283,6 de dollars) et de la Biélorussie (276,1 de dollars). La croissance de l'agriculture en Pologne était supérieure à celle de l'Allemagne (1,9%) et de la Tchéquie (1,8%); mais inférieure à celle de la Slovaquie (12,5%), de la Biélorussie (5,4%) et de l'Ukraine (3,9%).

Comparaison avec les leaders. La valeur de l'agriculture en Pologne était inférieure à celle de la Chine (297,7 milliards de dollars), de l'Inde (147,6 milliards de dollars), des États-Unis (122,5 milliards de dollars), du Japon (57,1 milliards de dollars) et du Nigeria (47,6 milliards de dollars). L'agriculture par habitant en Pologne était supérieure à celle de la Chine (224,5 de dollars) et de l'Inde (129,7 de dollars); mais inférieure à celle du Japon (445,6 de dollars), des États-Unis (416,9 de dollars) et du Nigeria (346,4 de dollars). La croissance de l'agriculture en Pologne était supérieure à celle de l'Inde (2,0%) et du Japon (-1,3%); mais inférieure à celle du Nigeria (10,1%), de la Chine (4,0%) et des États-Unis (3,6%).

Les années 2010

L'agriculture de la Pologne était de 14,2 milliards de dollars par an dans les années 2010, se situant au 38ème rang mondial. La part dans le monde était de 0,45% et de 3,9% en Europe.

La part de l'agriculture dans l'économie de la Pologne était de 3,1% dans les années 2010, au 145ème rang mondial.

L'agriculture par habitant en Pologne était de 373.5 dollars dans les années 2010, se classant au 95ème rang mondial, à égalité avec la Côte d'Ivoire (374,9 de dollars), la République dominicaine (371,4 de dollars), le Guatemala (369,4 de dollars). L'agriculture par habitant en Pologne était 13,6% inférieure l'agriculture par habitant au Monde (432,1 US$), et 24,0% inférieure l'agriculture par habitant en Europe (491,7 US$).

La croissance de l'agriculture en Pologne était de -1,6% dans les années 2010, se classant au 186ème rang mondial. La croissance de l'agriculture en Pologne (-1,6%) a été inférieure à celle du monde (2,9%), et inférieure à celle de l'Europe (0,73%).

Comparaison avec les voisins. La valeur ajoutée de l'agriculture en Pologne était 11,7% supérieure à celle de l'Ukraine (12,7 milliards de dollars), 3,1 fois supérieure à celle de la Biélorussie (4,5 milliards de dollars), 3,2 fois supérieure à celle de la Tchéquie (4,5 milliards de dollars) et 6,0 fois supérieure à celle de la Slovaquie (2,4 milliards de dollars); mais 2,1 fois inférieure à celle de l'Allemagne (29,3 milliards de dollars). L'agriculture par habitant en Pologne était 4,2% supérieure à celle de l'Allemagne (358,5 de dollars) et 31,8% supérieure à celle de l'Ukraine (283,3 de dollars); mais 22,5% inférieure à celle de la Biélorussie (482,1 de dollars), 15,1% inférieure à celle de la Slovaquie (439,9 de dollars) et 11,9% inférieure à celle de la Tchéquie (423,8 de dollars). La croissance de l'agriculture en Pologne était supérieure à celle de l'Allemagne (-3,4%); mais inférieure à celle de la Slovaquie (5,4%), de l'Ukraine (3,4%), de la Biélorussie (1,9%) et de la Tchéquie (-0,16%).

Comparaison avec les leaders. La valeur de l'agriculture en Pologne était 62,3 fois inférieure à celle de la Chine (886,2 milliards de dollars), 25,5 fois inférieure à celle de l'Inde (363,4 milliards de dollars), 12,7 fois inférieure à celle des États-Unis (180,3 milliards de dollars), 8,7 fois inférieure à celle de l'Indonésie (124,1 milliards de dollars) et 6,7 fois inférieure à celle du Nigeria (95,8 milliards de dollars). L'agriculture par habitant en Pologne était 33,8% supérieure à celle de l'Inde (279,1 de dollars); mais 40,9% inférieure à celle de la Chine (631,9 de dollars), 33,8% inférieure à celle des États-Unis (564,3 de dollars), 30,1% inférieure à celle du Nigeria (534,6 de dollars) et 22,8% inférieure à celle de l'Indonésie (483,6 de dollars). La croissance de l'agriculture en Pologne était inférieure à celle de l'Inde (4,1%), de l'Indonésie (3,9%), de la Chine (3,8%), du Nigeria (3,6%) et des États-Unis (2,0%).

Chapitre V. Industrie

Exploitation minière, fabrication, services publics (ISIC C-E)

L'industrie de la Pologne est passé de 19,9 milliards de dollars par an dans les années 1970 à 116,0 milliards de dollars par an dans les années 2010, c'est-à-dire 96,1 milliards de dollars ou de 5,8 fois. La variation a été de 46,5 milliards de dollars en raison de l'augmentation de 1,7 fois des prix, et de 47,1 milliards de dollars en raison de la croissance de productivité de 3,1 fois, et de 2,5 milliards de dollars en raison de la croissance démographique. La croissance annuelle moyenne de l'industrie était de 3,5%. La valeur minimale était de 11,5 milliards de dollars en 1970. La valeur maximale était de 129,2 milliards de dollars en 2019.

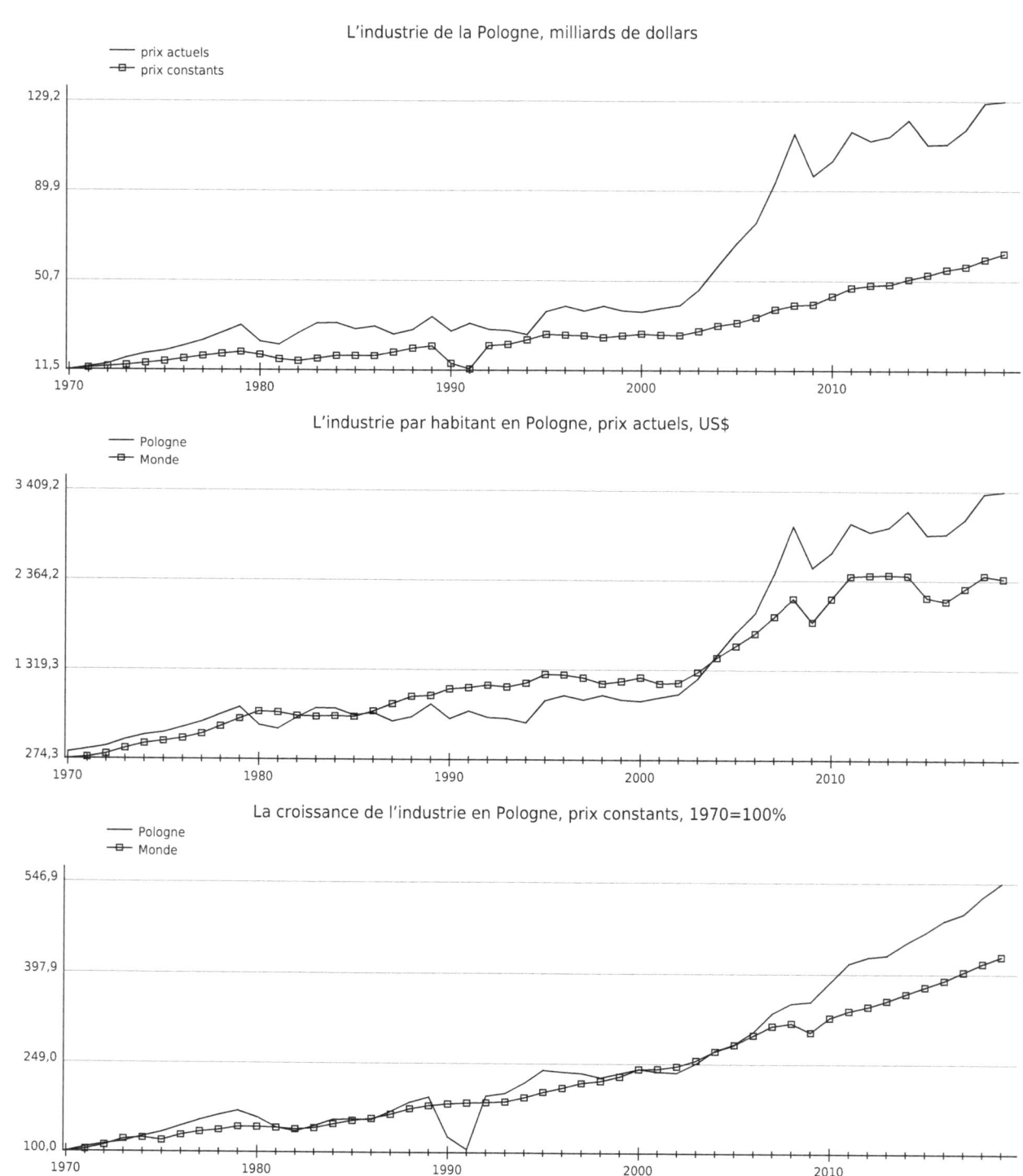

Chapitre V. Industrie

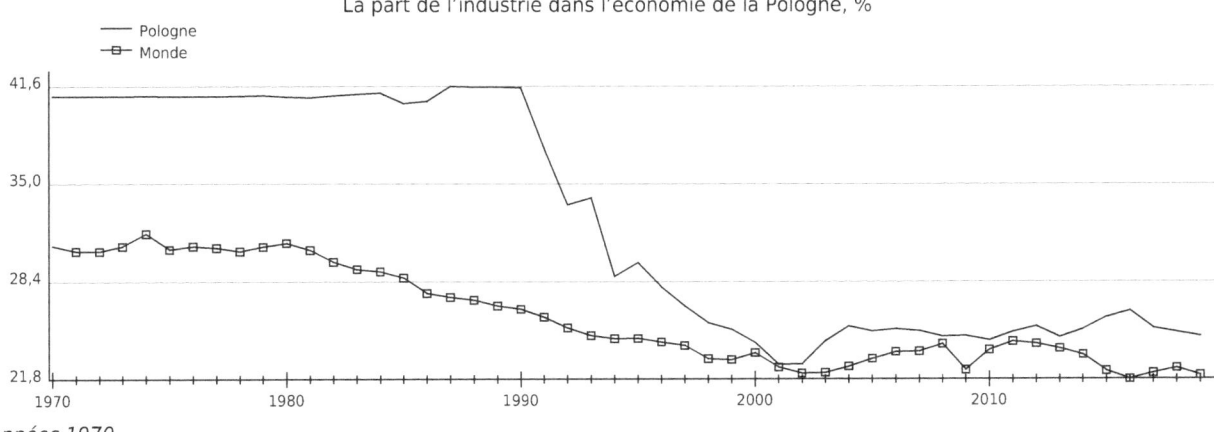

Les années 1970

La valeur ajoutée de l'industrie en Pologne était de 19,9 milliards de dollars par an dans les années 1970, au 18ème rang mondial à égalité avec l'Afrique du Nord (19,9 milliards de dollars). La part dans le monde était de 1,0% et de 2,4% en Europe.

La part de l'industrie dans l'économie de la Pologne était de 40,9% dans les années 1970, se situant au 16ème rang mondial, à égalité avec la Namibie (40,9%), la Chine (41,1%).

L'industrie par habitant en Pologne était de 587.6 dollars dans les années 1970, se situant au 44ème rang mondial, à égalité avec Singapour (583,3 de dollars). L'industrie par habitant en Pologne était 22,3% supérieure l'industrie par habitant au Monde (480,5 US$), et 48,1% inférieure l'industrie par habitant en Europe (1 131,6 US$).

La croissance de l'industrie en Pologne était de 6% dans les années 1970, se classant au 68ème rang mondial, à égalité avec la Jordanie (5,9%), le Belize (6,0%), le Sri Lanka (6,0%). La croissance de l'industrie en Pologne (6,0%) a été supérieure à celle du monde (4,0%), et supérieure à celle de l'Europe (3,6%).

Comparaison avec les voisins. La valeur ajoutée de l'industrie en Pologne était supérieure à celle de la Tchécoslovaquie (9,5 milliards de dollars); mais inférieure à celle de l'URSS (248,8 milliards de dollars) et de l'Allemagne (158,4 milliards de dollars). L'industrie par habitant en Pologne était inférieure à celle de l'Allemagne (2 011,9 de dollars), de l'URSS (986,6 de dollars) et de la Tchécoslovaquie (643,2 de dollars). La croissance de l'industrie en Pologne était supérieure à celle de la Tchécoslovaquie (5,3%), de l'URSS (5,2%) et de l'Allemagne (2,1%).

Comparaison avec les leaders. La valeur de l'industrie en Pologne était inférieure à celle des États-Unis (450,4 milliards de dollars), de l'URSS (248,8 milliards de dollars), du Japon (185,6 milliards de dollars), de l'Allemagne (158,4 milliards de dollars) et du Royaume-Uni (72,6 milliards de dollars). L'industrie par habitant en Pologne était inférieure à celle des États-Unis (2 063,8 de dollars), de l'Allemagne (2 011,9 de dollars), du Japon (1 666,5 de dollars), du Royaume-Uni (1 295,1 de dollars) et de l'URSS (986,6 de dollars). La croissance de l'industrie en Pologne était supérieure à celle de l'URSS (5,2%), du Japon (4,5%), des États-Unis (2,4%), de l'Allemagne (2,1%) et du Royaume-Uni (1,9%).

Les années 1980

L'industrie de la Pologne était de 29,0 milliards de dollars par an dans les années 1980, se classant au 23ème rang mondial à égalité avec l'Argentine (28,7 milliards de dollars), l'Afrique du Sud (29,6 milliards de dollars). La part dans le monde était de 0,70% et de 2,0% en Europe.

La part de l'industrie dans l'économie de la Pologne était de 41,0% dans les années 1980, se situant au 14ème rang mondial, à égalité avec la Zambie (40,8%).

L'industrie par habitant en Pologne était de 786.4 dollars dans les années 1980, se classant au 61ème rang mondial, à égalité avec l'Andorre (768,1 de dollars). L'industrie par habitant en Pologne était 8,8% inférieure l'industrie par habitant au Monde (861,8 US$), et 2,5 fois inférieure l'industrie par habitant en Europe (1 933,8 US$).

La croissance de l'industrie en Pologne était de 1.3% dans les années 1980, se classant au 129ème rang mondial, à égalité avec la Grèce (1,3%). La croissance de l'industrie en Pologne (1,3%) a été inférieure à celle du monde (2,3%), et inférieure à celle de l'Europe (2,3%).

Comparaison avec les voisins. La valeur ajoutée de l'industrie en Pologne était supérieure à celle de la Tchécoslovaquie (17,0 milliards de dollars); mais inférieure à celle de l'URSS (305,7 milliards de dollars) et de l'Allemagne (297,5 milliards de dollars). L'industrie par habitant en Pologne était inférieure à celle de l'Allemagne (3 812,7 de dollars), de l'URSS (1 110,8 de dollars) et de la Tchécoslovaquie (1 098,9 de dollars). La croissance de l'industrie en Pologne était supérieure à celle de l'Allemagne (1,2%) et de la Tchécoslovaquie (0,83%); mais inférieure à celle de l'URSS (5,3%).

Comparaison avec les leaders. Le secteur de l'industrie en Pologne était inférieur à celui des États-Unis (1,0 billions de dollars), du Japon (566,4 milliards de dollars), de l'URSS (305,7 milliards de dollars), de l'Allemagne (297,5 milliards de dollars) et du Royaume-Uni (171,2 milliards de dollars). L'industrie par habitant en Pologne était inférieure à celle du Japon (4 670,2 de dollars), des États-Unis (4 176,6 de dollars), de l'Allemagne (3 812,7 de dollars), du Royaume-Uni (3 032,7 de dollars) et de l'URSS (1 110,8 de dollars). La croissance de l'industrie en Pologne était supérieure à celle de l'Allemagne (1,2%); mais inférieure à celle de l'URSS (5,3%), du Japon (4,2%), des États-Unis (1,9%) et du Royaume-Uni (1,4%).

Les années 1990

L'industrie de la Pologne était de 33,8 milliards de dollars par an dans les années 1990, se classant au 29ème rang mondial. La part dans le monde était de 0,50% et de 1,6% en Europe.

La part de l'industrie dans l'économie de la Pologne était de 29,8% dans les années 1990, se situant au 44ème rang mondial, à égalité avec la Turquie (29,8%), la Serbie (29,7%), le Ghana (30,0%).

L'industrie par habitant en Pologne était de 880.1 dollars dans les années 1990, se classant au 70ème rang mondial, à égalité avec les Îles Vierges britanniques (863,4 de dollars), la Slovaquie (859,9 de dollars). L'industrie par habitant en Pologne était 25,1% inférieure l'industrie par habitant au Monde (1 175,6 US$), et 3,4 fois inférieure l'industrie par habitant en Europe (2 961,4 US$).

La croissance de l'industrie en Pologne était de 1.9% dans les années 1990, au 123ème rang mondial, à égalité avec le Malawi (1,9%), l'Algérie (1,9%), l'Andorre (1,9%). La croissance de l'industrie en Pologne (1,9%) a été inférieure à celle du monde (2,5%), et supérieure à celle de l'Europe (0,0047%).

Comparaison avec les voisins. La valeur ajoutée de l'industrie en Pologne était supérieure à celle de l'Ukraine (21,5 milliards de dollars), de la Tchéquie (15,2 milliards de dollars), de la Biélorussie (5,3 milliards de dollars) et de la Slovaquie (4,6 milliards de dollars); mais inférieure à celle de l'Allemagne (534,0 milliards de dollars). L'industrie par habitant en Pologne était supérieure à celle de la Slovaquie (859,9 de dollars), de la Biélorussie (528,4 de dollars) et de l'Ukraine (423,4 de dollars); mais inférieure à celle de l'Allemagne (6 621,6 de dollars) et de la Tchéquie (1 468,3 de dollars). La croissance de l'industrie en Pologne était supérieure à celle de l'Allemagne (0,33%), de la Biélorussie (-1,4%), de la Tchéquie (-2,5%), de la Slovaquie (-5,8%) et de l'Ukraine (-10,5%).

Comparaison avec les leaders. La valeur de l'industrie en Pologne était inférieure à celle des États-Unis (1,5 billions de dollars), du Japon (1,2 billions de dollars), de l'Allemagne (534,0 milliards de dollars), de la Chine (285,9 milliards de dollars) et du Royaume-Uni (268,6 milliards de dollars). L'industrie par habitant en Pologne était supérieure à celle de la Chine (231,9 de dollars); mais inférieure à celle du Japon (9 400,9 de dollars), de l'Allemagne (6 621,6 de dollars), des États-Unis (5 704,4 de dollars) et du Royaume-Uni (4 639,8 de dollars). La croissance de l'industrie en Pologne était supérieure à celle du Japon (1,3%), du Royaume-Uni (1,2%) et de l'Allemagne (0,33%); mais inférieure à celle de la Chine (13,1%) et des États-Unis (2,8%).

Les années 2000

La valeur de l'industrie en Pologne était de 66,8 milliards de dollars par an dans les années 2000, se situant au 27ème rang mondial à égalité avec la Belgique (65,5 milliards de dollars), le Venezuela (68,1 milliards de dollars). La part dans le monde était de 0,65% et de 2,3% en Europe.

La part de l'industrie dans l'économie de la Pologne était de 24,6% dans les années 2000, se classant au 75ème rang mondial.

L'industrie par habitant en Pologne était de 1738.2 dollars dans les années 2000, se situant au 60ème rang mondial, à égalité avec la Croatie (1 756,3 de dollars). L'industrie par habitant en Pologne était 10,4% supérieure l'industrie par habitant au Monde (1 573,8 US$), et 2,3 fois inférieure l'industrie par habitant en Europe (4 000,9 US$).

La croissance de l'industrie en Pologne était de 4.2% dans les années 2000, se classant au 60ème rang mondial, à égalité avec le Paraguay (4,2%). La croissance de l'industrie en Pologne (4,2%) a été supérieure à celle du monde (2,9%), et supérieure à celle de l'Europe (0,63%).

Chapitre V. Industrie

Comparaison avec les voisins. La valeur de l'industrie en Pologne était supérieure à celle de la Tchéquie (37,7 milliards de dollars), de l'Ukraine (22,7 milliards de dollars), de la Slovaquie (12,8 milliards de dollars) et de la Biélorussie (9,1 milliards de dollars); mais inférieure à celle de l'Allemagne (629,4 milliards de dollars). L'industrie par habitant en Pologne était supérieure à celle de la Biélorussie (942,2 de dollars) et de l'Ukraine (481,3 de dollars); mais inférieure à celle de l'Allemagne (7 732,1 de dollars), de la Tchéquie (3 651,7 de dollars) et de la Slovaquie (2 374,3 de dollars). La croissance de l'industrie en Pologne était supérieure à celle de l'Allemagne (0,19%); mais inférieure à celle de la Biélorussie (7,8%), de l'Ukraine (6,1%), de la Slovaquie (5,1%) et de la Tchéquie (4,5%).

Comparaison avec les leaders. La valeur ajoutée de l'industrie en Pologne était inférieure à celle des États-Unis (2,1 billions de dollars), du Japon (1,1 billions de dollars), de la Chine (1,1 billions de dollars), de l'Allemagne (629,4 milliards de dollars) et du Royaume-Uni (345,1 milliards de dollars). L'industrie par habitant en Pologne était supérieure à celle de la Chine (795,3 de dollars); mais inférieure à celle du Japon (8 848,8 de dollars), de l'Allemagne (7 732,1 de dollars), des États-Unis (7 144,5 de dollars) et du Royaume-Uni (5 710,8 de dollars). La croissance de l'industrie en Pologne était supérieure à celle des États-Unis (1,5%), de l'Allemagne (0,19%), du Japon (0,15%) et du Royaume-Uni (-1,1%); mais inférieure à celle de la Chine (11,1%).

Les années 2010

La valeur de l'industrie en Pologne était de 116,0 milliards de dollars par an dans les années 2010, se classant au 25ème rang mondial. La part dans le monde était de 0,68% et de 3,1% en Europe.

La part de l'industrie dans l'économie de la Pologne était de 25,1% dans les années 2010, au 69ème rang mondial, à égalité avec la Slovaquie (25,1%), le Mexique (25,3%).

L'industrie par habitant en Pologne était de 3045 dollars dans les années 2010, se classant au 54ème rang mondial, à égalité avec le Kazakhstan (3 007,4 de dollars), la Hongrie (3 093,9 de dollars). L'industrie par habitant en Pologne était 31,2% supérieure l'industrie par habitant au Monde (2 320,9 US$), et 40,2% inférieure l'industrie par habitant en Europe (5 088,1 US$).

La croissance de l'industrie en Pologne était de 4.5% dans les années 2010, au 58ème rang mondial, à égalité avec l'Albanie (4,5%), le Kirghizistan (4,5%). La croissance de l'industrie en Pologne (4,5%) a été supérieure à celle du monde (3,5%), et supérieure à celle de l'Europe (2,0%).

Comparaison avec les voisins. L'industrie de la Pologne était 93,5% supérieure à celle de la Tchéquie (59,9 milliards de dollars), 4,0 fois supérieure à celle de l'Ukraine (28,9 milliards de dollars), 5,3 fois supérieure à celle de la Slovaquie (21,9 milliards de dollars) et 7,1 fois supérieure à celle de la Biélorussie (16,4 milliards de dollars); mais 7,2 fois inférieure à celle de l'Allemagne (840,0 milliards de dollars). L'industrie par habitant en Pologne était 75,5% supérieure à celle de la Biélorussie (1 734,9 de dollars) et 4,7 fois supérieure à celle de l'Ukraine (642,8 de dollars); mais 3,4 fois inférieure à celle de l'Allemagne (10 261,3 de dollars), 46,1% inférieure à celle de la Tchéquie (5 648,9 de dollars) et 24,4% inférieure à celle de la Slovaquie (4 029,8 de dollars). La croissance de l'industrie en Pologne était supérieure à celle de l'Allemagne (3,2%), de la Tchéquie (2,9%), de la Biélorussie (2,5%) et de l'Ukraine (-2,6%); mais inférieure à celle de la Slovaquie (5,5%).

Comparaison avec les leaders. Le secteur de l'industrie en Pologne était 31,8 fois inférieur à celui de la Chine (3,7 billions de dollars), 23,6 fois inférieur à celui des États-Unis (2,7 billions de dollars), 10,3 fois inférieur à celui du Japon (1,2 billions de dollars), 7,2 fois inférieur à celui de l'Allemagne (840,0 milliards de dollars) et 3,8 fois inférieur à celui de l'Inde (443,4 milliards de dollars). L'industrie par habitant en Pologne était 15,9% supérieure à celle de la Chine (2 626,2 de dollars) et 8,9 fois supérieure à celle de l'Inde (340,6 de dollars); mais 3,4 fois inférieure à celle de l'Allemagne (10 261,3 de dollars), 3,1 fois inférieure à celle du Japon (9 305,3 de dollars) et 2,8 fois inférieure à celle des États-Unis (8 581,2 de dollars). La croissance de l'industrie en Pologne était supérieure à celle de l'Allemagne (3,2%), du Japon (2,6%) et des États-Unis (2,2%); mais inférieure à celle de la Chine (7,5%) et de l'Inde (6,5%).

Chapitre 5.1. Fabrication

(ISIC D)

Le secteur de l'industrie de transformation en Pologne est passé de 15,0 milliards de dollars par an dans les années 1970 à 86,2 milliards de dollars par an dans les années 2010, c'est-à-dire 71,2 milliards de dollars ou de 5,7 fois. La variation a été de 1,5 milliards de dollars en raison de l'augmentation de 1,0 fois des prix, et de 67,8 milliards de dollars en raison de la croissance de productivité de 5,0 fois, et de 1,9 milliards de dollars en raison de la croissance démographique. La croissance annuelle moyenne de la fabrication était de 4,6%. La valeur minimale était de 8,7 milliards de dollars en 1970. La valeur maximale était de 99,1 milliards de dollars en 2019.

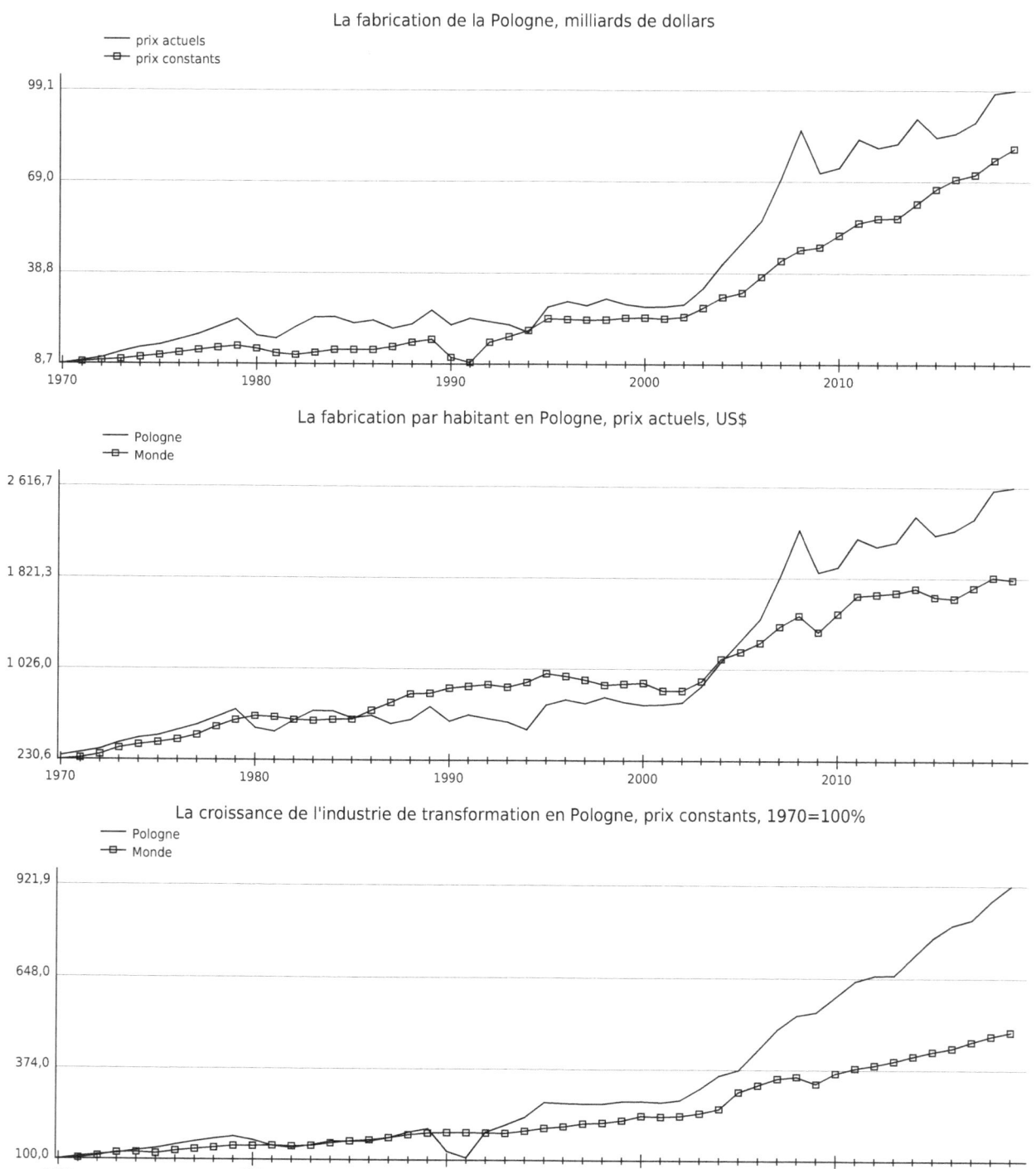

Chapitre 5.1. Fabrication

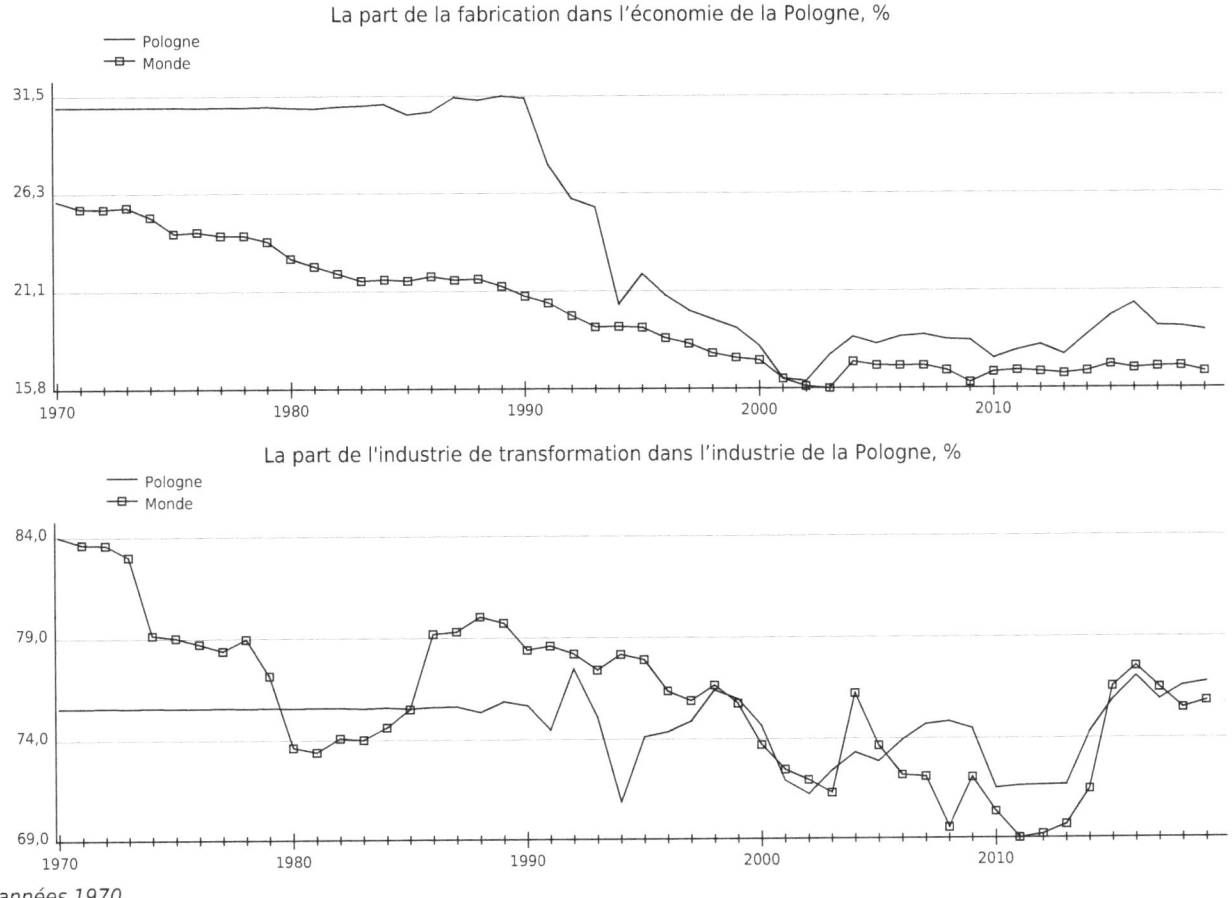

Les années 1970

La fabrication de la Pologne était de 15,0 milliards de dollars par an dans les années 1970, au 19ème rang mondial à égalité avec l'Asie du Sud-Est (15,3 milliards de dollars), l'Argentine (15,4 milliards de dollars). La part dans le monde était de 0,97% et de 2,0% en Europe.

La part de l'industrie de transformation dans l'économie de la Pologne était de 30,9% dans les années 1970, se classant au 10ème rang mondial, à égalité avec Porto Rico (30,9%), l'Allemagne (31,0%), le Japon (31,0%).

La fabrication par habitant en Pologne était de 444.1 dollars dans les années 1970, se classant au 40ème rang mondial, à égalité avec la Roumanie (438,7 de dollars). La fabrication par habitant en Pologne était 15,9% supérieure la fabrication par habitant au Monde (383,2 US$), et 2,3 fois inférieure la fabrication par habitant en Europe (1 019,3 US$).

La croissance de la fabrication en Pologne était de 6% dans les années 1970, se situant au 69ème rang mondial, à égalité avec l'Est (5,9%), le Cameroun (6,0%), l'Europe du Sud (6,0%). La croissance de l'industrie de transformation en Pologne (6,0%) a été supérieure à celle du monde (3,8%), et supérieure à celle de l'Europe (3,5%).

Comparaison avec les voisins. La valeur de la fabrication en Pologne était supérieure à celle de la Tchécoslovaquie (9,5 milliards de dollars); mais inférieure à celle de l'URSS (248,8 milliards de dollars) et de l'Allemagne (138,0 milliards de dollars). La fabrication par habitant en Pologne était inférieure à celle de l'Allemagne (1 752,1 de dollars), de l'URSS (986,6 de dollars) et de la Tchécoslovaquie (643,2 de dollars). La croissance de l'industrie de transformation en Pologne était supérieure à celle de la Tchécoslovaquie (5,3%), de l'URSS (5,2%) et de l'Allemagne (2,1%).

Comparaison avec les leaders. La valeur de la fabrication en Pologne était inférieure à celle des États-Unis (378,0 milliards de dollars), de l'URSS (248,8 milliards de dollars), du Japon (169,3 milliards de dollars), de l'Allemagne (138,0 milliards de dollars) et de la France (64,5 milliards de dollars). La fabrication par habitant en Pologne était inférieure à celle de l'Allemagne (1 752,1 de dollars), des États-Unis (1 731,8 de dollars), du Japon (1 520,6 de dollars), de la France (1 203,0 de dollars) et de l'URSS (986,6 de dollars). La croissance de l'industrie de transformation en Pologne était supérieure à celle de l'URSS (5,2%), du Japon (4,5%), de la France (3,5%), des États-Unis (2,7%) et de l'Allemagne (2,1%).

Les années 1980

La fabrication de la Pologne était de 21,9 milliards de dollars par an dans les années 1980, se classant au 23ème rang mondial. La part dans le monde était de 0,69% et de 1,7% en Europe.

La part de l'industrie de transformation dans l'économie de la Pologne était de 31,0% dans les années 1980, se classant au 7ème rang mondial.

La fabrication par habitant en Pologne était de 594.4 dollars dans les années 1980, se situant au 52ème rang mondial. La fabrication par habitant en Pologne était 10,1% inférieure la fabrication par habitant au Monde (661,2 US$), et 2,8 fois inférieure la fabrication par habitant en Europe (1 672,2 US$).

La croissance de l'industrie de transformation en Pologne était de 1.4% dans les années 1980, se situant au 134ème rang mondial, à égalité avec la Hongrie (1,4%). La croissance de l'industrie de transformation en Pologne (1,4%) a été inférieure à celle du monde (2,6%), et inférieure à celle de l'Europe (2,1%).

Comparaison avec les voisins. Le secteur de la fabrication en Pologne était supérieur à celui de la Tchécoslovaquie (17,0 milliards de dollars); mais inférieur à celui de l'URSS (305,7 milliards de dollars) et de l'Allemagne (258,7 milliards de dollars). La fabrication par habitant en Pologne était inférieure à celle de l'Allemagne (3 316,0 de dollars), de l'URSS (1 110,8 de dollars) et de la Tchécoslovaquie (1 098,9 de dollars). La croissance de l'industrie de transformation en Pologne était supérieure à celle de l'Allemagne (1,2%) et de la Tchécoslovaquie (0,83%); mais inférieure à celle de l'URSS (5,3%).

Comparaison avec les leaders. Le secteur de l'industrie de transformation en Pologne était inférieur à celui des États-Unis (789,4 milliards de dollars), du Japon (501,0 milliards de dollars), de l'URSS (305,7 milliards de dollars), de l'Allemagne (258,7 milliards de dollars) et de l'Italie (134,1 milliards de dollars). La fabrication par habitant en Pologne était inférieure à celle du Japon (4 131,0 de dollars), de l'Allemagne (3 316,0 de dollars), des États-Unis (3 296,4 de dollars), de l'Italie (2 359,9 de dollars) et de l'URSS (1 110,8 de dollars). La croissance de l'industrie de transformation en Pologne était supérieure à celle de l'Allemagne (1,2%); mais inférieure à celle de l'URSS (5,3%), du Japon (4,4%), de l'Italie (2,5%) et des États-Unis (1,9%).

Les années 1990

La fabrication de la Pologne était de 25,3 milliards de dollars par an dans les années 1990, se situant au 26ème rang mondial à égalité avec la Finlande (25,6 milliards de dollars). La part dans le monde était de 0,49% et de 1,4% en Europe.

La part de l'industrie de transformation dans l'économie de la Pologne était de 22,3% dans les années 1990, se classant au 40ème rang mondial, à égalité avec l'Estonie (22,5%).

La fabrication par habitant en Pologne était de 659.9 dollars dans les années 1990, se situant au 62ème rang mondial, à égalité avec le Brésil (660,3 de dollars), l'Amérique du Sud (653,1 de dollars), Maurice (670,8 de dollars). La fabrication par habitant en Pologne était 27,4% inférieure la fabrication par habitant au Monde (908,4 US$), et 3,7 fois inférieure la fabrication par habitant en Europe (2 443,3 US$).

La croissance de l'industrie de transformation en Pologne était de 3.6% dans les années 1990, se classant au 74ème rang mondial, à égalité avec la Côte d'Ivoire (3,6%). La croissance de la fabrication en Pologne (3,6%) a été supérieure à celle du monde (2,0%), et supérieure à celle de l'Europe (0,24%).

Comparaison avec les voisins. La valeur de la fabrication en Pologne était supérieure à celle de l'Ukraine (20,4 milliards de dollars), de la Tchéquie (11,9 milliards de dollars), de la Biélorussie (5,0 milliards de dollars) et de la Slovaquie (3,4 milliards de dollars); mais inférieure à celle de l'Allemagne (468,8 milliards de dollars). La fabrication par habitant en Pologne était supérieure à celle de la Slovaquie (626,2 de dollars), de la Biélorussie (491,9 de dollars) et de l'Ukraine (402,2 de dollars); mais inférieure à celle de l'Allemagne (5 813,5 de dollars) et de la Tchéquie (1 155,0 de dollars). La croissance de l'industrie de transformation en Pologne était supérieure à celle de la Tchéquie (2,2%), de l'Allemagne (0,26%), de la Biélorussie (-0,89%), de la Slovaquie (-1,9%) et de l'Ukraine (-11,7%).

Comparaison avec les leaders. La valeur ajoutée de la fabrication en Pologne était inférieure à celle des États-Unis (1,2 billions de dollars), du Japon (1,0 billions de dollars), de l'Allemagne (468,8 milliards de dollars), de l'Italie (227,8 milliards de dollars) et de la France (215,0 milliards de dollars). La fabrication par habitant en Pologne était inférieure à celle du Japon (8 305,2 de dollars), de l'Allemagne (5 813,5 de dollars), des États-Unis (4 707,3 de dollars), de l'Italie (3 994,1 de dollars) et de la France (3 621,1 de

Chapitre 5.1. Fabrication

dollars). La croissance de l'industrie de transformation en Pologne était supérieure à celle des États-Unis (3,2%), de la France (2,4%), de l'Italie (1,2%), du Japon (1,1%) et de l'Allemagne (0,26%).

Les années 2000

La valeur ajoutée de l'industrie de transformation en Pologne était de 49,3 milliards de dollars par an dans les années 2000, au 24ème rang mondial. La part dans le monde était de 0,67% et de 2,1% en Europe.

La part de l'industrie de transformation dans l'économie de la Pologne était de 18,1% dans les années 2000, au 48ème rang mondial, à égalité avec le Costa Rica (18,1%), le Maroc (18,2%), la Tunisie (18,0%).

La fabrication par habitant en Pologne était de 1281.9 dollars dans les années 2000, se classant au 54ème rang mondial, à égalité avec d'Oman (1 274,8 de dollars), la Lituanie (1 289,2 de dollars), l'Est (1 255,9 de dollars). La fabrication par habitant en Pologne était 12,6% supérieure la fabrication par habitant au Monde (1 138,1 US$), et 2,5 fois inférieure la fabrication par habitant en Europe (3 162,1 US$).

La croissance de la fabrication en Pologne était de 7% dans les années 2000, se classant au 35ème rang mondial, à égalité avec le Pakistan (7,0%), l'Éthiopie (7,0%), l'Asie centrale (7,0%). La croissance de l'industrie de transformation en Pologne (7,0%) a été supérieure à celle du monde (4,2%), et supérieure à celle de l'Europe (0,69%).

Comparaison avec les voisins. La fabrication de la Pologne était supérieure à celle de la Tchéquie (30,4 milliards de dollars), de l'Ukraine (15,3 milliards de dollars), de la Slovaquie (9,9 milliards de dollars) et de la Biélorussie (7,3 milliards de dollars); mais inférieure à celle de l'Allemagne (551,4 milliards de dollars). La fabrication par habitant en Pologne était supérieure à celle de la Biélorussie (754,9 de dollars) et de l'Ukraine (323,2 de dollars); mais inférieure à celle de l'Allemagne (6 773,6 de dollars), de la Tchéquie (2 943,4 de dollars) et de la Slovaquie (1 824,3 de dollars). La croissance de la fabrication en Pologne était supérieure à celle de la Tchéquie (6,0%), de l'Ukraine (4,3%) et de l'Allemagne (0,097%); mais inférieure à celle de la Biélorussie (10,0%) et de la Slovaquie (9,0%).

Comparaison avec les leaders. La valeur de l'industrie de transformation en Pologne était inférieure à celle des États-Unis (1,6 billions de dollars), de la Chine (1,1 billions de dollars), du Japon (992,9 milliards de dollars), de l'Allemagne (551,4 milliards de dollars) et de l'Italie (277,2 milliards de dollars). La fabrication par habitant en Pologne était supérieure à celle de la Chine (815,3 de dollars); mais inférieure à celle du Japon (7 746,3 de dollars), de l'Allemagne (6 773,6 de dollars), des États-Unis (5 600,5 de dollars) et de l'Italie (4 780,8 de dollars). La croissance de la fabrication en Pologne était supérieure à celle des États-Unis (1,6%), du Japon (0,32%), de l'Allemagne (0,097%) et de l'Italie (-1,3%).

Les années 2010

Le secteur de l'industrie de transformation en Pologne était de 86,2 milliards de dollars par an dans les années 2010, au 21ème rang mondial. La part dans le monde était de 0,69% et de 3,0% en Europe.

La part de l'industrie de transformation dans l'économie de la Pologne était de 18,7% dans les années 2010, se classant au 32ème rang mondial, à égalité avec l'Autriche (18,7%), la Suisse (18,6%), le Sénégal (18,6%).

La fabrication par habitant en Pologne était de 2263.8 dollars dans les années 2010, au 49ème rang mondial, à égalité avec Malte (2 268,6 de dollars), Nauru (2 291,6 de dollars), la Chine (2 221,3 de dollars). La fabrication par habitant en Pologne était 33,4% supérieure la fabrication par habitant au Monde (1 697,4 US$), et 41,9% inférieure la fabrication par habitant en Europe (3 895,6 US$).

La croissance de l'industrie de transformation en Pologne était de 5.4% dans les années 2010, se classant au 41ème rang mondial, à égalité avec Singapour (5,3%), l'Érythrée (5,3%), le Ghana (5,4%). La croissance de la fabrication en Pologne (5,4%) a été supérieure à celle du monde (3,9%), et supérieure à celle de l'Europe (2,5%).

Comparaison avec les voisins. La valeur ajoutée de la fabrication en Pologne était 75,0% supérieure à celle de la Tchéquie (49,3 milliards de dollars), 4,8 fois supérieure à celle de la Slovaquie (17,9 milliards de dollars), 5,3 fois supérieure à celle de l'Ukraine (16,4 milliards de dollars) et 6,2 fois supérieure à celle de la Biélorussie (13,8 milliards de dollars); mais 8,5 fois inférieure à celle de l'Allemagne (735,2 milliards de dollars). La fabrication par habitant en Pologne était 54,7% supérieure à celle de la Biélorussie (1 463,0 de dollars) et 6,2 fois supérieure à celle de l'Ukraine (364,1 de dollars); mais 4,0 fois inférieure à celle de l'Allemagne (8 981,7 de dollars), 2,1 fois inférieure à celle de la Tchéquie (4 645,1 de dollars) et 31,1% inférieure à celle de la Slovaquie (3 287,6 de dollars). La croissance de l'industrie de transformation en Pologne était supérieure à celle de la Tchéquie (4,6%), de l'Allemagne (3,5%), de la

Biélorussie (2,7%) et de l'Ukraine (-2,2%); mais inférieure à celle de la Slovaquie (7,0%).

Comparaison avec les leaders. Le secteur de la fabrication en Pologne était 36,1 fois inférieur à celui de la Chine (3,1 billions de dollars), 24,0 fois inférieur à celui des États-Unis (2,1 billions de dollars), 12,3 fois inférieur à celui du Japon (1,1 billions de dollars), 8,5 fois inférieur à celui de l'Allemagne (735,2 milliards de dollars) et 4,5 fois inférieur à celui de la Corée du Sud (390,5 milliards de dollars). La fabrication par habitant en Pologne était 1,9% supérieure à celle de la Chine (2 221,3 de dollars); mais 4,0 fois inférieure à celle de l'Allemagne (8 981,7 de dollars), 3,7 fois inférieure à celle du Japon (8 286,2 de dollars), 3,4 fois inférieure à celle de la Corée du Sud (7 723,3 de dollars) et 2,9 fois inférieure à celle des États-Unis (6 481,0 de dollars). La croissance de l'industrie de transformation en Pologne était supérieure à celle de la Corée du Sud (3,8%), de l'Allemagne (3,5%), du Japon (3,0%) et des États-Unis (1,9%); mais inférieure à celle de la Chine (7,5%).

Chapitre VI. Construction

(ISIC F)

Le secteur de la construction en Pologne est passé de 5,4 milliards de dollars par an dans les années 1970 à 35,5 milliards de dollars par an dans les années 2010, c'est-à-dire 30,1 milliards de dollars ou de 6,6 fois. La variation a été de 19,2 milliards de dollars en raison de l'augmentation de 2,2 fois des prix, et de 10,2 milliards de dollars en raison de la croissance de productivité de 2,7 fois, et de 673,2 millions de dollars en raison de la croissance démographique. La croissance annuelle moyenne de la construction était de 3,1%. La valeur minimale était de 3,1 milliards de dollars en 1970. La valeur maximale était de 40,4 milliards de dollars en 2011.

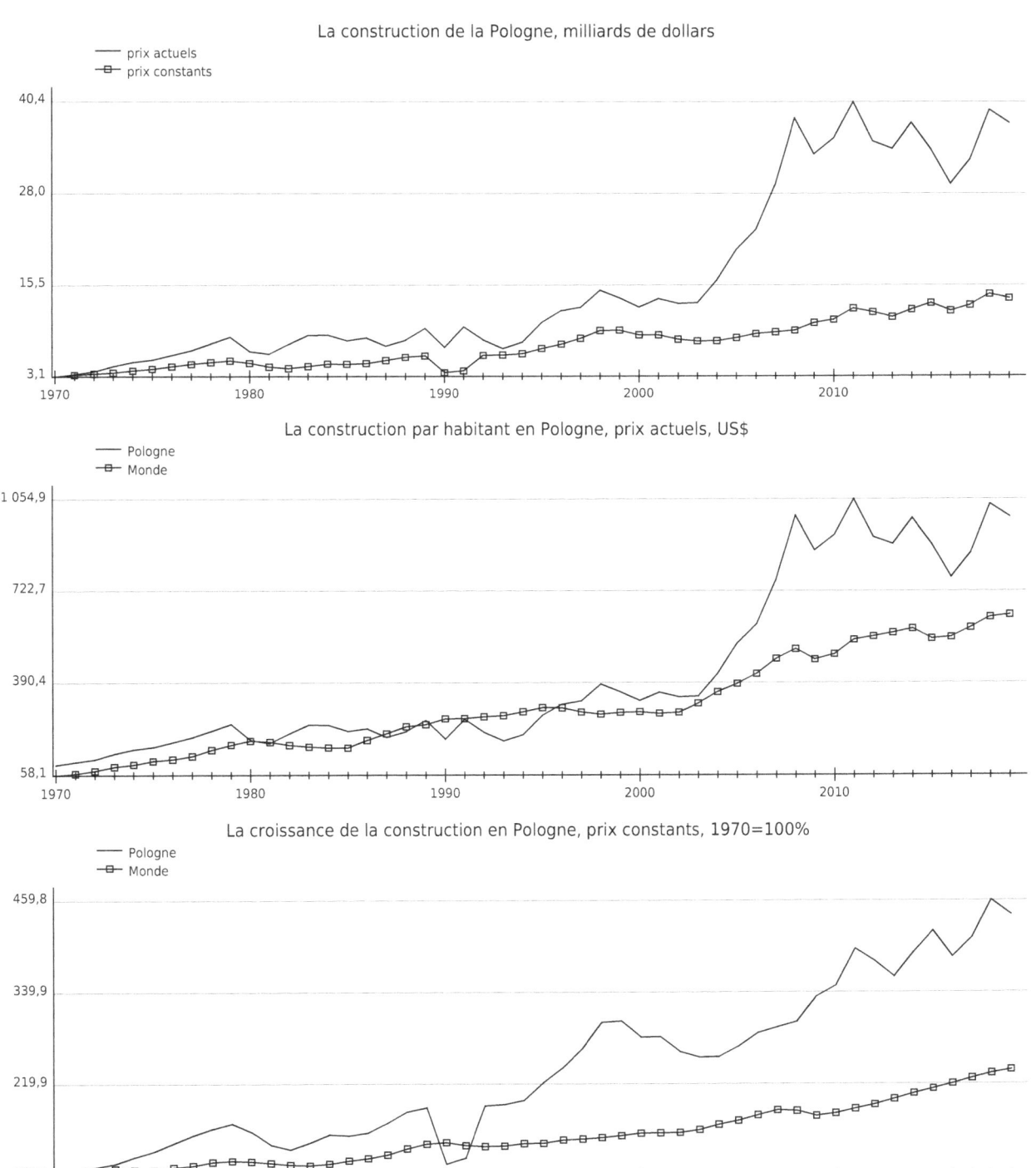

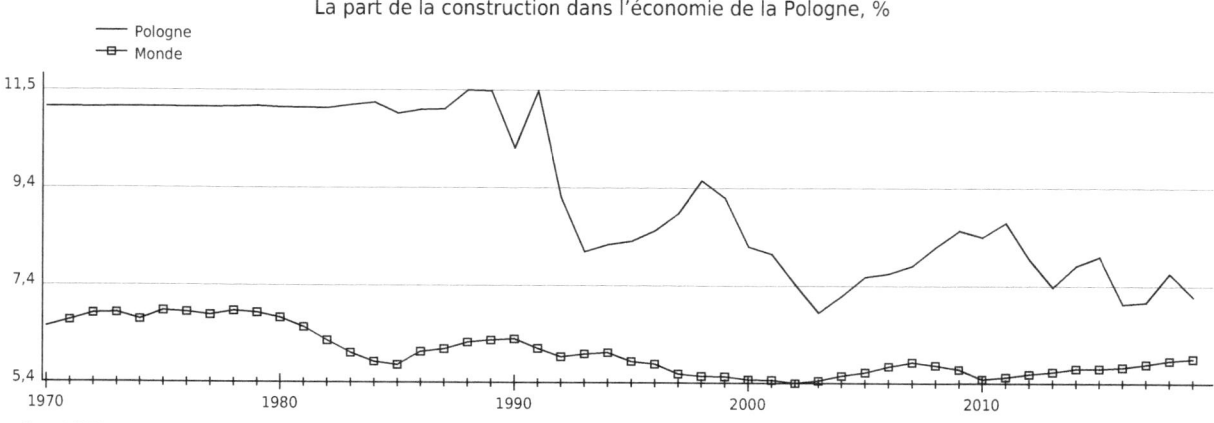

La part de la construction dans l'économie de la Pologne, %

Les années 1970

La construction de la Pologne était de 5,4 milliards de dollars par an dans les années 1970, au 16ème rang mondial. La part dans le monde était de 1,3% et de 2,7% en Europe.

La part de la construction dans l'économie de la Pologne était de 11,1% dans les années 1970, se situant au 15ème rang mondial, à égalité avec la Nouvelle-Calédonie (11,1%).

La construction par habitant en Pologne était de 159.5 dollars dans les années 1970, se classant au 54ème rang mondial, à égalité avec Nauru (161,4 de dollars), Singapour (162,0 de dollars). La construction par habitant en Pologne était 50,3% supérieure la construction par habitant au Monde (106,1 US$), et 42,6% inférieure la construction par habitant en Europe (277,9 US$).

La croissance de la construction en Pologne était de 6% dans les années 1970, au 73ème rang mondial, à égalité avec le Suriname (6,0%). La croissance de la construction en Pologne (6,0%) a été supérieure à celle du monde (2,1%), et supérieure à celle de l'Europe (1,3%).

Comparaison avec les voisins. La construction de la Pologne était supérieure à celle de la Tchécoslovaquie (2,6 milliards de dollars); mais inférieure à celle de l'URSS (52,5 milliards de dollars) et de l'Allemagne (33,8 milliards de dollars). La construction par habitant en Pologne était inférieure à celle de l'Allemagne (428,6 de dollars), de l'URSS (208,1 de dollars) et de la Tchécoslovaquie (173,1 de dollars). La croissance de la construction en Pologne était supérieure à celle de la Tchécoslovaquie (4,5%) et de l'Allemagne (0,66%); mais inférieure à celle de l'URSS (6,5%).

Comparaison avec les leaders. La valeur ajoutée de la construction en Pologne était inférieure à celle des États-Unis (81,1 milliards de dollars), de l'URSS (52,5 milliards de dollars), du Japon (43,5 milliards de dollars), de l'Allemagne (33,8 milliards de dollars) et de la France (22,4 milliards de dollars). La construction par habitant en Pologne était inférieure à celle de l'Allemagne (428,6 de dollars), de la France (417,3 de dollars), du Japon (390,8 de dollars), des États-Unis (371,5 de dollars) et de l'URSS (208,1 de dollars). La croissance de la construction en Pologne était supérieure à celle du Japon (3,4%), de la France (2,0%), de l'Allemagne (0,66%) et des États-Unis (0,31%); mais inférieure à celle de l'URSS (6,5%).

Les années 1980

Le secteur de la construction en Pologne était de 7,9 milliards de dollars par an dans les années 1980, se situant au 20ème rang mondial. La part dans le monde était de 0,88% et de 2,2% en Europe.

La part de la construction dans l'économie de la Pologne était de 11,2% dans les années 1980, au 14ème rang mondial, à égalité avec l'Islande (11,1%).

La construction par habitant en Pologne était de 213.9 dollars dans les années 1980, au 63ème rang mondial, à égalité avec le Portugal (210,8 de dollars). La construction par habitant en Pologne était 14,9% supérieure la construction par habitant au Monde (186,2 US$), et 2,2 fois inférieure la construction par habitant en Europe (462,7 US$).

La croissance de la construction en Pologne était de 1.2% dans les années 1980, se situant au 113ème rang mondial, à égalité avec l'Europe du Sud (1,2%). La croissance de la construction en Pologne (1,2%) a été inférieure à celle du monde (1,7%), et inférieure à celle de l'Europe (1,9%).

Chapitre VI. Construction

Comparaison avec les voisins. La valeur ajoutée de la construction en Pologne était supérieure à celle de la Tchécoslovaquie (4,2 milliards de dollars); mais inférieure à celle de l'URSS (72,1 milliards de dollars) et de l'Allemagne (57,8 milliards de dollars). La construction par habitant en Pologne était inférieure à celle de l'Allemagne (740,2 de dollars), de la Tchécoslovaquie (274,0 de dollars) et de l'URSS (262,0 de dollars). La croissance de la construction en Pologne était supérieure à celle de l'Allemagne (-0,52%); mais inférieure à celle de l'URSS (6,2%) et de la Tchécoslovaquie (1,4%).

Comparaison avec les leaders. Le secteur de la construction en Pologne était inférieur à celui des États-Unis (180,6 milliards de dollars), du Japon (138,7 milliards de dollars), de l'URSS (72,1 milliards de dollars), de l'Allemagne (57,8 milliards de dollars) et de la France (42,5 milliards de dollars). La construction par habitant en Pologne était inférieure à celle du Japon (1 143,9 de dollars), des États-Unis (754,4 de dollars), de la France (751,9 de dollars), de l'Allemagne (740,2 de dollars) et de l'URSS (262,0 de dollars). La croissance de la construction en Pologne était supérieure à celle des États-Unis (1,1%), de la France (0,67%) et de l'Allemagne (-0,52%); mais inférieure à celle de l'URSS (6,2%) et du Japon (2,1%).

Les années 1990

La valeur ajoutée de la construction en Pologne était de 10,3 milliards de dollars par an dans les années 1990, se situant au 24ème rang mondial à égalité avec l'Indonésie (10,4 milliards de dollars). La part dans le monde était de 0,65% et de 1,9% en Europe.

La part de la construction dans l'économie de la Pologne était de 9,1% dans les années 1990, se classant au 22ème rang mondial, à égalité avec l'Islande (9,1%).

La construction par habitant en Pologne était de 269 dollars dans les années 1990, se situant au 67ème rang mondial. La construction par habitant en Pologne était 3,5% inférieure la construction par habitant au Monde (278,6 US$), et 2,8 fois inférieure la construction par habitant en Europe (760,7 US$).

La croissance de la construction en Pologne était de 4.8% dans les années 1990, se classant au 66ème rang mondial, à égalité avec Trinité-et-Tobago (4,7%), l'Afrique de l'Ouest (4,8%). La croissance de la construction en Pologne (4,8%) a été supérieure à celle du monde (0,71%), et supérieure à celle de l'Europe (-1,7%).

Comparaison avec les voisins. La valeur ajoutée de la construction en Pologne était supérieure à celle de l'Ukraine (4,5 milliards de dollars), de la Tchéquie (3,3 milliards de dollars), de la Biélorussie (1,0 milliards de dollars) et de la Slovaquie (933,0 millions de dollars); mais inférieure à celle de l'Allemagne (125,2 milliards de dollars). La construction par habitant en Pologne était supérieure à celle de la Slovaquie (174,1 de dollars), de la Biélorussie (102,1 de dollars) et de l'Ukraine (87,9 de dollars); mais inférieure à celle de l'Allemagne (1 552,3 de dollars) et de la Tchéquie (319,7 de dollars). La croissance de la construction en Pologne était supérieure à celle de l'Allemagne (-0,047%), de la Slovaquie (-7,1%), de la Tchéquie (-7,9%), de la Biélorussie (-8,5%) et de l'Ukraine (-21,3%).

Comparaison avec les leaders. La construction de la Pologne était inférieure à celle du Japon (343,2 milliards de dollars), des États-Unis (299,1 milliards de dollars), de l'Allemagne (125,2 milliards de dollars), du Royaume-Uni (69,8 milliards de dollars) et de la France (68,8 milliards de dollars). La construction par habitant en Pologne était inférieure à celle du Japon (2 721,7 de dollars), de l'Allemagne (1 552,3 de dollars), du Royaume-Uni (1 205,1 de dollars), de la France (1 158,8 de dollars) et des États-Unis (1 131,2 de dollars). La croissance de la construction en Pologne était supérieure à celle des États-Unis (1,8%), de l'Allemagne (-0,047%), du Royaume-Uni (-0,34%), de la France (-0,65%) et du Japon (-1,0%).

Les années 2000

La construction de la Pologne était de 21,3 milliards de dollars par an dans les années 2000, au 19ème rang mondial à égalité avec l'Afrique du Nord (21,1 milliards de dollars). La part dans le monde était de 0,86% et de 2,5% en Europe.

La part de la construction dans l'économie de la Pologne était de 7,8% dans les années 2000, se situant au 47ème rang mondial, à égalité avec l'Amérique centrale (7,8%), les Tonga (7,9%), le Tadjikistan (7,9%).

La construction par habitant en Pologne était de 553.8 dollars dans les années 2000, se classant au 70ème rang mondial, à égalité avec d'Oman (551,7 de dollars), Porto Rico (556,3 de dollars), le Venezuela (563,8 de dollars). La construction par habitant en Pologne était 45,2% supérieure la construction par habitant au Monde (381,3 US$), et 2,1 fois inférieure la construction par habitant en Europe (1 147,4 US$).

La croissance de la construction en Pologne était de 1% dans les années 2000, se situant au 169ème rang mondial, à égalité avec Malte (1,0%). La croissance de la construction en Pologne (1,0%) a été inférieure à celle du monde (1,5%), et supérieure à celle de l'Europe (0,97%).

Comparaison avec les voisins. La construction de la Pologne était supérieure à celle de la Tchéquie (8,0 milliards de dollars), de la Slovaquie (3,5 milliards de dollars), de l'Ukraine (3,3 milliards de dollars) et de la Biélorussie (2,3 milliards de dollars); mais inférieure à celle de l'Allemagne (104,3 milliards de dollars). La construction par habitant en Pologne était supérieure à celle de la Biélorussie (240,2 de dollars) et de l'Ukraine (70,6 de dollars); mais inférieure à celle de l'Allemagne (1 281,3 de dollars), de la Tchéquie (775,2 de dollars) et de la Slovaquie (649,0 de dollars). La croissance de la construction en Pologne était supérieure à celle de l'Allemagne (-2,9%) et de l'Ukraine (-3,1%); mais inférieure à celle de la Biélorussie (12,5%), de la Slovaquie (8,1%) et de la Tchéquie (1,5%).

Comparaison avec les leaders. La valeur ajoutée de la construction en Pologne était inférieure à celle des États-Unis (583,0 milliards de dollars), du Japon (270,5 milliards de dollars), de la Chine (150,1 milliards de dollars), du Royaume-Uni (132,1 milliards de dollars) et de l'Espagne (111,8 milliards de dollars). La construction par habitant en Pologne était supérieure à celle de la Chine (113,1 de dollars); mais inférieure à celle de l'Espagne (2 560,2 de dollars), du Royaume-Uni (2 186,4 de dollars), du Japon (2 110,1 de dollars) et des États-Unis (1 983,7 de dollars). La croissance de la construction en Pologne était supérieure à celle du Royaume-Uni (0,17%), des États-Unis (-2,6%) et du Japon (-3,9%); mais inférieure à celle de la Chine (11,9%) et de l'Espagne (1,7%).

Les années 2010

La valeur ajoutée de la construction en Pologne était de 35,5 milliards de dollars par an dans les années 2010, se classant au 20ème rang mondial à égalité avec les Pays-Bas (35,8 milliards de dollars). La part dans le monde était de 0,85% et de 3,4% en Europe.

La part de la construction dans l'économie de la Pologne était de 7,7% dans les années 2010, se classant au 55ème rang mondial, à égalité avec les Maldives (7,7%), les Bahamas (7,8%).

La construction par habitant en Pologne était de 932.6 dollars dans les années 2010, se situant au 59ème rang mondial, à égalité avec Malte (929,8 de dollars), les Îles Vierges britanniques (925,8 de dollars), la Barbade (920,2 de dollars). La construction par habitant en Pologne était 63,0% supérieure la construction par habitant au Monde (572,1 US$), et 34,1% inférieure la construction par habitant en Europe (1 415,6 US$).

La croissance de la construction en Pologne était de 2.8% dans les années 2010, se classant au 106ème rang mondial, à égalité avec le Royaume-Uni (2,9%), le Chili (2,9%), le Malawi (2,9%). La croissance de la construction en Pologne (2,8%) a été inférieure à celle du monde (2,9%), et supérieure à celle de l'Europe (0,50%).

Comparaison avec les voisins. Le secteur de la construction en Pologne était 3,1 fois supérieur à celui de la Tchéquie (11,5 milliards de dollars), 5,0 fois supérieur à celui de la Slovaquie (7,1 milliards de dollars), 7,6 fois supérieur à celui de la Biélorussie (4,7 milliards de dollars) et 10,1 fois supérieur à celui de l'Ukraine (3,5 milliards de dollars); mais 4,3 fois inférieur à celui de l'Allemagne (153,2 milliards de dollars). La construction par habitant en Pologne était 88,4% supérieure à celle de la Biélorussie (495,0 de dollars) et 11,9 fois supérieure à celle de l'Ukraine (78,3 de dollars); mais 2,0 fois inférieure à celle de l'Allemagne (1 871,9 de dollars), 28,2% inférieure à celle de la Slovaquie (1 299,7 de dollars) et 13,6% inférieure à celle de la Tchéquie (1 079,8 de dollars). La croissance de la construction en Pologne était supérieure à celle de l'Allemagne (1,8%), de la Slovaquie (-0,097%), de l'Ukraine (-0,40%), de la Tchéquie (-0,54%) et de la Biélorussie (-0,98%).

Comparaison avec les leaders. La construction de la Pologne était 20,6 fois inférieure à celle de la Chine (731,1 milliards de dollars), 19,2 fois inférieure à celle des États-Unis (680,8 milliards de dollars), 7,8 fois inférieure à celle du Japon (278,7 milliards de dollars), 4,7 fois inférieure à celle de l'Inde (168,1 milliards de dollars) et 4,3 fois inférieure à celle de l'Allemagne (153,2 milliards de dollars). La construction par habitant en Pologne était 78,9% supérieure à celle de la Chine (521,3 de dollars) et 7,2 fois supérieure à celle de l'Inde (129,1 de dollars); mais 2,3 fois inférieure à celle du Japon (2 178,3 de dollars), 2,3 fois inférieure à celle des États-Unis (2 130,9 de dollars) et 2,0 fois inférieure à celle de l'Allemagne (1 871,9 de dollars). La croissance de la construction en Pologne était supérieure à celle de l'Allemagne (1,8%), du Japon (1,7%) et des États-Unis (1,4%); mais inférieure à celle de la Chine (8,2%) et de l'Inde (5,2%).

Chapitre VII. Transport

Transport et stockage (ISIC I)

Le secteur du transport en Pologne est passé de 2,6 milliards de dollars par an dans les années 1970 à 47,9 milliards de dollars par an dans les années 2010, c'est-à-dire 45,3 milliards de dollars ou de 18,4 fois. La variation a été de 36,7 milliards de dollars en raison de l'augmentation de 4,3 fois des prix, et de 8,2 milliards de dollars en raison de la croissance de productivité de 3,8 fois, et de 324,7 millions de dollars en raison de la croissance démographique. La croissance annuelle moyenne du transport était de 4,1%. La valeur minimale était de 1,5 milliards de dollars en 1970. La valeur maximale était de 59,5 milliards de dollars en 2019.

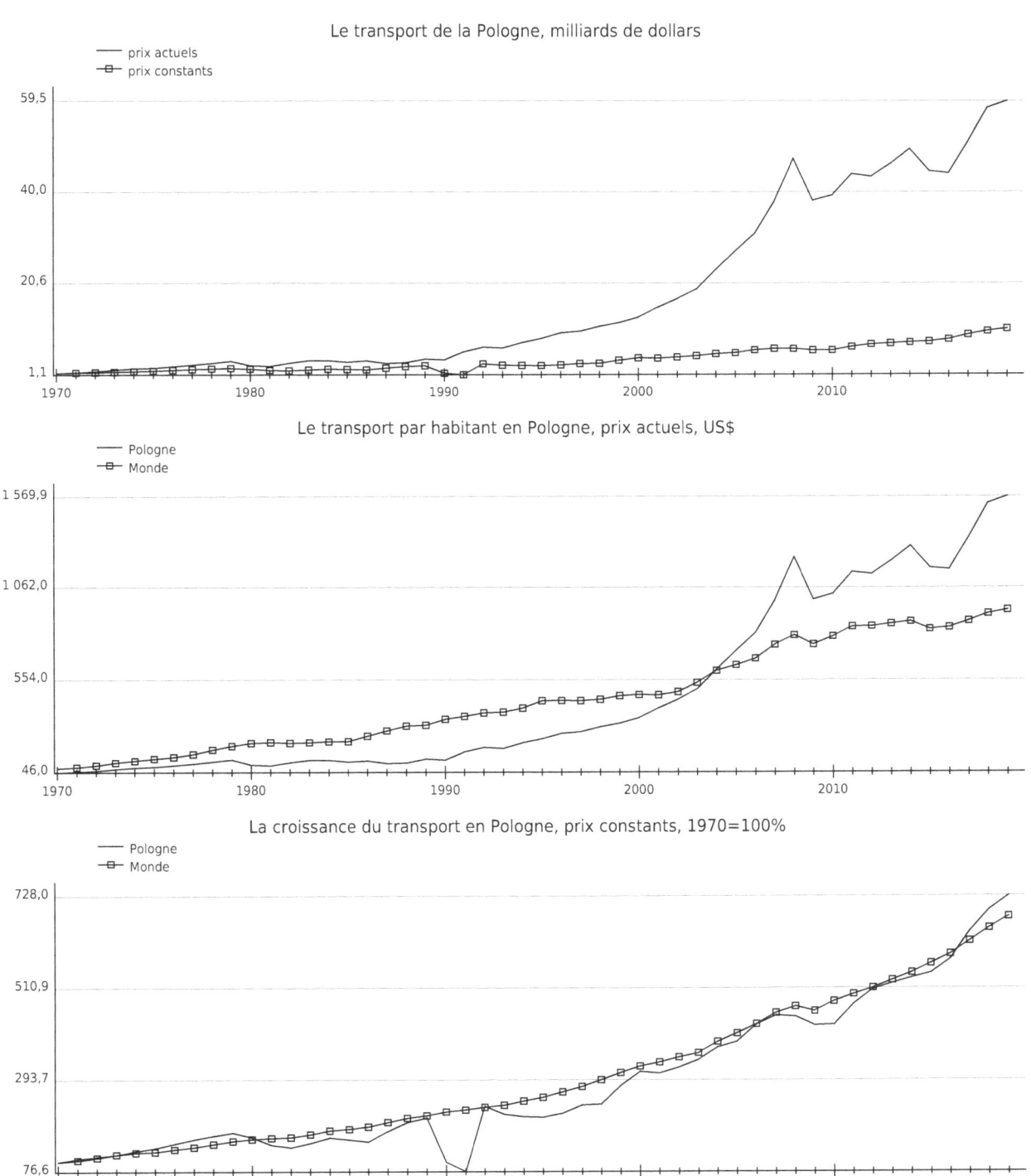

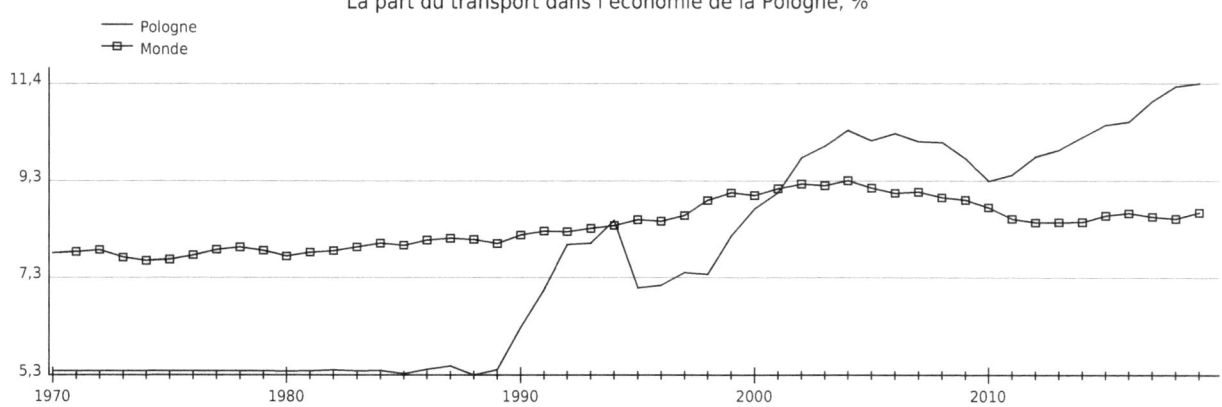

Les années 1970

La valeur du transport en Pologne était de 2,6 milliards de dollars par an dans les années 1970, se situant au 27ème rang mondial à égalité avec l'Iran (2,6 milliards de dollars), les Caraïbes (2,6 milliards de dollars). La part dans le monde était de 0,53% et de 1,4% en Europe.

La part du transport dans l'économie de la Pologne était de 5,4% dans les années 1970, se classant au 123ème rang mondial, à égalité avec l'Iran (5,4%).

Le transport par habitant en Pologne était de 76.9 dollars dans les années 1970, se situant au 77ème rang mondial, à égalité avec le Vanuatu (76,3 de dollars). Le transport par habitant en Pologne était 37,1% inférieur le transport par habitant au Monde (122,3 US$), et 3,2 fois inférieur le transport par habitant en Europe (248,3 US$).

La croissance du transport en Pologne était de 6% dans les années 1970, se situant au 80ème rang mondial, à égalité avec l'Inde (6,1%). La croissance du transport en Pologne (6,0%) a été supérieure à celle du monde (4,6%), et supérieure à celle de l'Europe (4,3%).

Comparaison avec les voisins. Le transport de la Pologne était supérieur à celui de la Tchécoslovaquie (1,7 milliards de dollars); mais inférieur à celui de l'Allemagne (29,6 milliards de dollars) et de l'URSS (28,8 milliards de dollars). Le transport par habitant en Pologne était inférieur à celui de l'Allemagne (376,1 de dollars), de la Tchécoslovaquie (114,1 de dollars) et de l'URSS (114,0 de dollars). La croissance du transport en Pologne était supérieure à celle de la Tchécoslovaquie (4,4%) et de l'Allemagne (3,0%); mais inférieure à celle de l'URSS (8,1%).

Comparaison avec les leaders. Le transport de la Pologne était inférieur à celui des États-Unis (168,6 milliards de dollars), du Japon (46,4 milliards de dollars), de l'Allemagne (29,6 milliards de dollars), de l'URSS (28,8 milliards de dollars) et de la France (24,0 milliards de dollars). Le transport par habitant en Pologne était inférieur à celui des États-Unis (772,4 de dollars), de la France (447,4 de dollars), du Japon (416,6 de dollars), de l'Allemagne (376,1 de dollars) et de l'URSS (114,0 de dollars). La croissance du transport en Pologne était supérieure à celle des États-Unis (4,2%), de la France (4,1%), de l'Allemagne (3,0%) et du Japon (1,7%); mais inférieure à celle de l'URSS (8,1%).

Les années 1980

La valeur ajoutée du transport en Pologne était de 3,8 milliards de dollars par an dans les années 1980, se situant au 32ème rang mondial. La part dans le monde était de 0,32% et de 1,00% en Europe.

La part du transport dans l'économie de la Pologne était de 5,4% dans les années 1980, se classant au 135ème rang mondial, à égalité avec les Salomon (5,4%), les Îles Vierges britanniques (5,4%).

Le transport par habitant en Pologne était de 102.6 dollars dans les années 1980, se situant au 101ème rang mondial, à égalité avec les Seychelles (103,3 de dollars), l'Amérique du Sud (101,7 de dollars). Le transport par habitant en Pologne était 2,4 fois inférieur le transport par habitant au Monde (242,0 US$), et 4,8 fois inférieur le transport par habitant en Europe (494,5 US$).

La croissance du transport en Pologne était de 1.9% dans les années 1980, se classant au 145ème rang mondial. La croissance du transport en Pologne (1,9%) a été inférieure à celle du monde (3,4%), et inférieure à celle de l'Europe (2,8%).

Chapitre VII. Transport

Comparaison avec les voisins. La valeur du transport en Pologne était supérieure à celle de la Tchécoslovaquie (3,7 milliards de dollars); mais inférieure à celle de l'Allemagne (56,6 milliards de dollars) et de l'URSS (39,1 milliards de dollars). Le transport par habitant en Pologne était inférieur à celui de l'Allemagne (725,5 de dollars), de la Tchécoslovaquie (237,2 de dollars) et de l'URSS (142,2 de dollars). La croissance du transport en Pologne était supérieure à celle de l'Allemagne (1,8%), de l'URSS (1,8%) et de la Tchécoslovaquie (-0,40%).

Comparaison avec les leaders. Le transport de la Pologne était inférieur à celui des États-Unis (394,9 milliards de dollars), du Japon (147,7 milliards de dollars), de l'Allemagne (56,6 milliards de dollars), de la France (56,2 milliards de dollars) et du Royaume-Uni (53,0 milliards de dollars). Le transport par habitant en Pologne était inférieur à celui des États-Unis (1 649,2 de dollars), du Japon (1 217,8 de dollars), de la France (993,7 de dollars), du Royaume-Uni (938,7 de dollars) et de l'Allemagne (725,5 de dollars). La croissance du transport en Pologne était supérieure à celle de l'Allemagne (1,8%); mais inférieure à celle de la France (5,4%), du Japon (4,7%), des États-Unis (3,6%) et du Royaume-Uni (3,0%).

Les années 1990

Le transport de la Pologne était de 8,5 milliards de dollars par an dans les années 1990, se situant au 32ème rang mondial. La part dans le monde était de 0,37% et de 1,1% en Europe.

La part du transport dans l'économie de la Pologne était de 7,5% dans les années 1990, se situant au 114ème rang mondial, à égalité avec le Canada (7,5%), le Nicaragua (7,6%), l'Uruguay (7,5%).

Le transport par habitant en Pologne était de 222.1 dollars dans les années 1990, au 88ème rang mondial, à égalité avec l'Est (220,5 de dollars), la Jamaïque (227,5 de dollars). Le transport par habitant en Pologne était 45,8% inférieur le transport par habitant au Monde (409,5 US$), et 4,9 fois inférieur le transport par habitant en Europe (1 080,1 US$).

La croissance du transport en Pologne était de 3.2% dans les années 1990, se situant au 130ème rang mondial, à égalité avec l'Europe du Sud (3,2%), le Honduras (3,2%), l'Amérique du Sud (3,2%). La croissance du transport en Pologne (3,2%) a été inférieure à celle du monde (4,0%), et supérieure à celle de l'Europe (2,4%).

Comparaison avec les voisins. Le secteur du transport en Pologne était supérieur à celui de l'Ukraine (6,1 milliards de dollars), de la Tchéquie (4,5 milliards de dollars), de la Biélorussie (1,5 milliards de dollars) et de la Slovaquie (1,4 milliards de dollars); mais inférieur à celui de l'Allemagne (144,3 milliards de dollars). Le transport par habitant en Pologne était supérieur à celui de la Biélorussie (150,4 de dollars) et de l'Ukraine (121,0 de dollars); mais inférieur à celui de l'Allemagne (1 789,0 de dollars), de la Tchéquie (436,4 de dollars) et de la Slovaquie (252,4 de dollars). La croissance du transport en Pologne était supérieure à celle de la Tchéquie (1,4%), de la Biélorussie (-6,7%) et de l'Ukraine (-15,5%); mais inférieure à celle de la Slovaquie (7,0%) et de l'Allemagne (3,9%).

Comparaison avec les leaders. Le transport de la Pologne était inférieur à celui des États-Unis (702,6 milliards de dollars), du Japon (373,9 milliards de dollars), de l'Allemagne (144,3 milliards de dollars), de la France (118,7 milliards de dollars) et du Royaume-Uni (117,6 milliards de dollars). Le transport par habitant en Pologne était inférieur à celui du Japon (2 965,8 de dollars), des États-Unis (2 656,9 de dollars), du Royaume-Uni (2 031,3 de dollars), de la France (1 999,2 de dollars) et de l'Allemagne (1 789,0 de dollars). La croissance du transport en Pologne était supérieure à celle du Japon (3,0%); mais inférieure à celle des États-Unis (5,0%), de la France (4,8%), du Royaume-Uni (4,7%) et de l'Allemagne (3,9%).

Les années 2000

La valeur du transport en Pologne était de 27,1 milliards de dollars par an dans les années 2000, se situant au 21ème rang mondial. La part dans le monde était de 0,67% et de 2,0% en Europe.

La part du transport dans l'économie de la Pologne était de 10,0% dans les années 2000, au 76ème rang mondial, à égalité avec la Croatie (10,0%), la Polynésie française (9,9%), l'Équateur (9,9%).

Le transport par habitant en Pologne était de 704.3 dollars dans les années 2000, se situant au 74ème rang mondial. Le transport par habitant en Pologne était 13,4% supérieur le transport par habitant au Monde (621,1 US$), et 2,6 fois inférieur le transport par habitant en Europe (1 850,1 US$).

La croissance du transport en Pologne était de 4.2% dans les années 2000, se situant au 128ème rang mondial, à égalité avec le Pakistan (4,3%). La croissance du transport en Pologne (4,2%) a été supérieure à celle du monde (3,9%), et supérieure à celle de l'Europe (3,1%).

Comparaison avec les voisins. La valeur du transport en Pologne était supérieure à celle de la Tchéquie (14,5 milliards de dollars), de l'Ukraine (9,9 milliards de dollars), de la Slovaquie (4,5 milliards de dollars) et de la Biélorussie (2,4 milliards de dollars); mais inférieure à celle de l'Allemagne (228,2 milliards de dollars). Le transport par habitant en Pologne était supérieur à celui de la Biélorussie (249,7 de dollars) et de l'Ukraine (210,2 de dollars); mais inférieur à celui de l'Allemagne (2 803,7 de dollars), de la Tchéquie (1 401,8 de dollars) et de la Slovaquie (833,8 de dollars). La croissance du transport en Pologne était supérieure à celle de l'Allemagne (3,4%), de la Tchéquie (2,3%) et de la Slovaquie (-0,51%); mais inférieure à celle de l'Ukraine (6,6%) et de la Biélorussie (4,5%).

Comparaison avec les leaders. La valeur du transport en Pologne était inférieure à celle des États-Unis (1,2 billions de dollars), du Japon (468,5 milliards de dollars), de l'Allemagne (228,2 milliards de dollars), du Royaume-Uni (215,9 milliards de dollars) et de la France (185,6 milliards de dollars). Le transport par habitant en Pologne était inférieur à celui des États-Unis (4 029,0 de dollars), du Japon (3 655,1 de dollars), du Royaume-Uni (3 572,9 de dollars), de la France (2 955,1 de dollars) et de l'Allemagne (2 803,7 de dollars). La croissance du transport en Pologne était supérieure à celle de l'Allemagne (3,4%), du Royaume-Uni (3,1%), des États-Unis (3,1%), de la France (2,7%) et du Japon (1,5%).

Les années 2010

La valeur du transport en Pologne était de 47,9 milliards de dollars par an dans les années 2010, se situant au 23ème rang mondial. La part dans le monde était de 0,75% et de 2,7% en Europe.

La part du transport dans l'économie de la Pologne était de 10,4% dans les années 2010, se classant au 62ème rang mondial, à égalité avec la Finlande (10,4%), le Bangladesh (10,3%), le Royaume-Uni (10,4%).

Le transport par habitant en Pologne était de 1257 dollars dans les années 2010, se situant au 66ème rang mondial, à égalité avec l'Arabie saoudite (1 247,0 de dollars), la Polynésie (1 271,6 de dollars). Le transport par habitant en Pologne était 45,3% supérieur le transport par habitant au Monde (864,8 US$), et 48,1% inférieur le transport par habitant en Europe (2 422,4 US$).

La croissance du transport en Pologne était de 5.6% dans les années 2010, se situant au 68ème rang mondial, à égalité avec la République dominicaine (5,6%), la Moldavie (5,6%). La croissance du transport en Pologne (5,6%) a été supérieure à celle du monde (4,0%), et supérieure à celle de l'Europe (2,6%).

Comparaison avec les voisins. Le transport de la Pologne était 2,2 fois supérieur à celui de la Tchéquie (21,7 milliards de dollars), 3,3 fois supérieur à celui de l'Ukraine (14,4 milliards de dollars), 5,1 fois supérieur à celui de la Slovaquie (9,5 milliards de dollars) et 8,0 fois supérieur à celui de la Biélorussie (6,0 milliards de dollars); mais 6,3 fois inférieur à celui de l'Allemagne (300,0 milliards de dollars). Le transport par habitant en Pologne était 98,7% supérieur à celui de la Biélorussie (632,6 de dollars) et 3,9 fois supérieur à celui de l'Ukraine (319,2 de dollars); mais 2,9 fois inférieur à celui de l'Allemagne (3 665,2 de dollars), 38,7% inférieur à celui de la Tchéquie (2 049,1 de dollars) et 28,0% inférieur à celui de la Slovaquie (1 745,3 de dollars). La croissance du transport en Pologne était supérieure à celle de la Biélorussie (5,4%), de la Slovaquie (5,2%), de l'Allemagne (2,7%), de la Tchéquie (2,7%) et de l'Ukraine (1,4%).

Comparaison avec les leaders. La valeur du transport en Pologne était 37,4 fois inférieure à celle des États-Unis (1,8 billions de dollars), 11,1 fois inférieure à celle du Japon (529,8 milliards de dollars), 9,7 fois inférieure à celle de la Chine (464,2 milliards de dollars), 6,3 fois inférieure à celle de l'Allemagne (300,0 milliards de dollars) et 5,4 fois inférieure à celle du Royaume-Uni (257,7 milliards de dollars). Le transport par habitant en Pologne était 3,8 fois supérieur à celui de la Chine (331,0 de dollars); mais 4,5 fois inférieur à celui des États-Unis (5 597,8 de dollars), 3,3 fois inférieur à celui du Japon (4 141,7 de dollars), 3,1 fois inférieur à celui du Royaume-Uni (3 929,2 de dollars) et 2,9 fois inférieur à celui de l'Allemagne (3 665,2 de dollars). La croissance du transport en Pologne était supérieure à celle des États-Unis (5,1%), du Royaume-Uni (2,8%), de l'Allemagne (2,7%) et du Japon (0,81%); mais inférieure à celle de la Chine (7,5%).

Chapitre VIII. Commerce

Commerce de gros et de détail; restaurants et hôtels (ISIC G-H)

La valeur ajoutée du commerce en Pologne est passé de 4,6 milliards de dollars par an dans les années 1970 à 89,4 milliards de dollars par an dans les années 2010, c'est-à-dire 84,8 milliards de dollars ou de 19,5 fois. La variation a été de 71,6 milliards de dollars en raison de l'augmentation de 5,0 fois des prix, et de 12,6 milliards de dollars en raison de la croissance de productivité de 3,4 fois, et de 572,7 millions de dollars en raison de la croissance démographique. La croissance annuelle moyenne du commerce était de 3,8%. La valeur minimale était de 2,6 milliards de dollars en 1970. La valeur maximale était de 99,5 milliards de dollars en 2019.

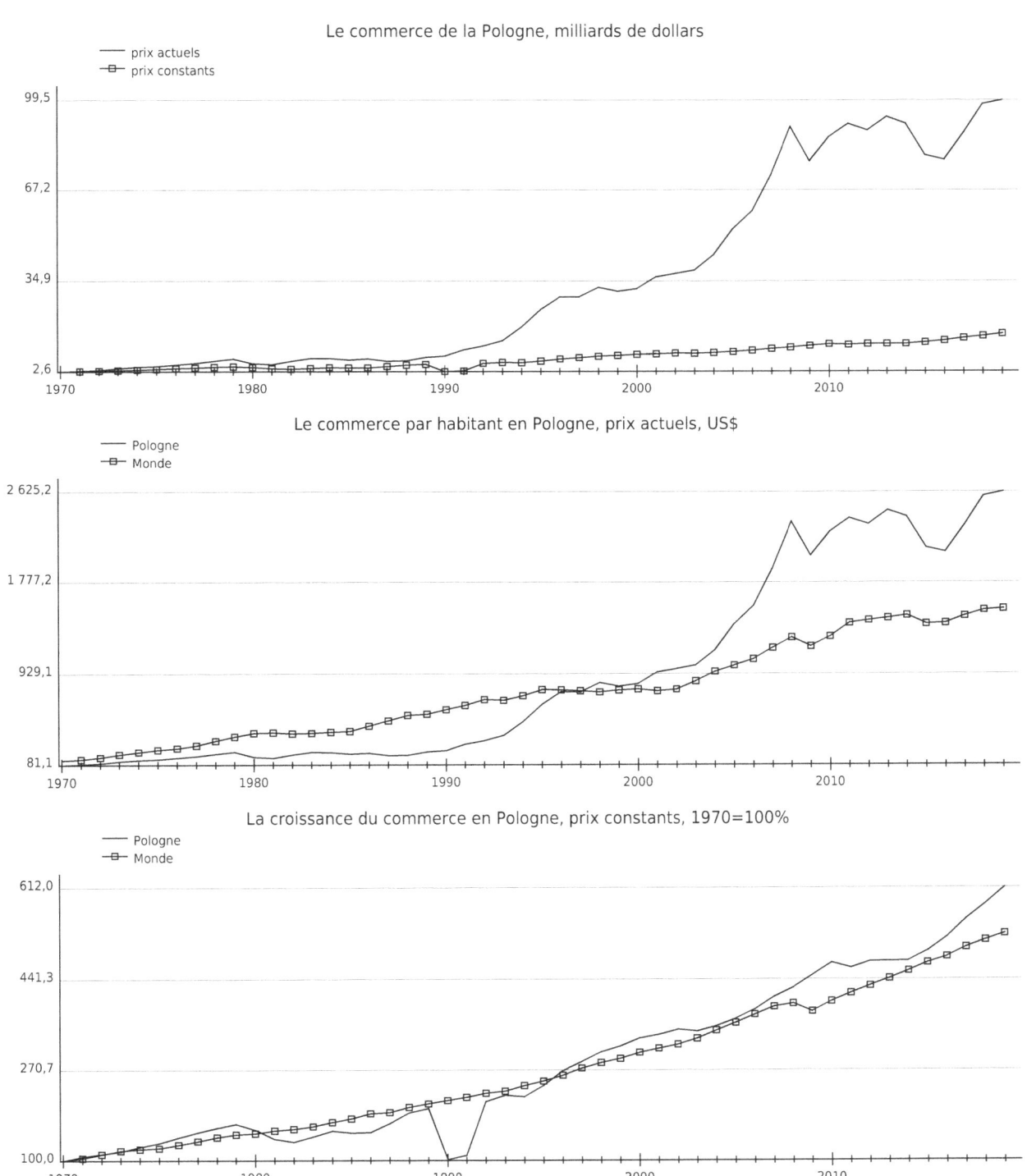

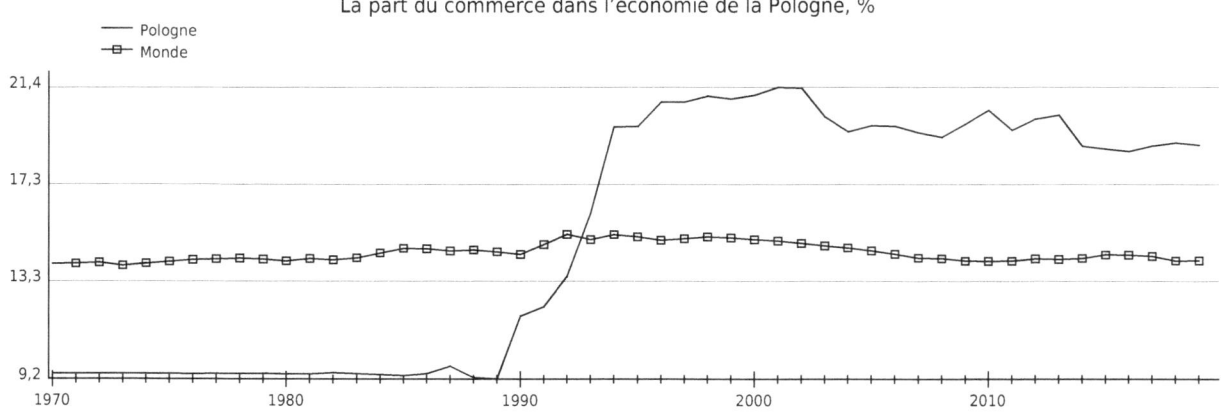

Les années 1970

La valeur du commerce en Pologne était de 4,6 milliards de dollars par an dans les années 1970, se situant au 26ème rang mondial à égalité avec l'Afrique australe (4,6 milliards de dollars). La part dans le monde était de 0,51% et de 1,4% en Europe.

La part du commerce dans l'économie de la Pologne était de 9,4% dans les années 1970, au 154ème rang mondial, à égalité avec l'Est (9,4%), le Nigeria (9,5%), les Tuvalu (9,5%).

Le commerce par habitant en Pologne était de 135.7 dollars dans les années 1970, se classant au 89ème rang mondial, à égalité avec le Nigeria (134,2 de dollars), la Bulgarie (134,2 de dollars), la République dominicaine (137,4 de dollars). Le commerce par habitant en Pologne était 38,6% inférieur le commerce par habitant au Monde (221,0 US$), et 3,3 fois inférieur le commerce par habitant en Europe (450,1 US$).

La croissance du commerce en Pologne était de 6% dans les années 1970, au 68ème rang mondial, à égalité avec le Luxembourg (6,0%). La croissance du commerce en Pologne (6,0%) a été supérieure à celle du monde (4,5%), et supérieure à celle de l'Europe (3,6%).

Comparaison avec les voisins. La valeur ajoutée du commerce en Pologne était supérieure à celle de la Tchécoslovaquie (2,4 milliards de dollars); mais inférieure à celle de l'URSS (62,3 milliards de dollars) et de l'Allemagne (61,1 milliards de dollars). Le commerce par habitant en Pologne était inférieur à celui de l'Allemagne (775,5 de dollars), de l'URSS (247,1 de dollars) et de la Tchécoslovaquie (159,4 de dollars). La croissance du commerce en Pologne était supérieure à celle de l'URSS (5,2%) et de l'Allemagne (3,0%); mais inférieure à celle de la Tchécoslovaquie (6,6%).

Comparaison avec les leaders. Le commerce de la Pologne était inférieur à celui des États-Unis (278,3 milliards de dollars), du Japon (90,3 milliards de dollars), de l'URSS (62,3 milliards de dollars), de l'Allemagne (61,1 milliards de dollars) et de la France (40,9 milliards de dollars). Le commerce par habitant en Pologne était inférieur à celui des États-Unis (1 275,1 de dollars), du Japon (811,1 de dollars), de l'Allemagne (775,5 de dollars), de la France (762,4 de dollars) et de l'URSS (247,1 de dollars). La croissance du commerce en Pologne était supérieure à celle de l'URSS (5,2%), de la France (3,9%), des États-Unis (3,9%) et de l'Allemagne (3,0%); mais inférieure à celle du Japon (8,2%).

Les années 1980

La valeur du commerce en Pologne était de 6,7 milliards de dollars par an dans les années 1980, se situant au 41ème rang mondial. La part dans le monde était de 0,31% et de 0,94% en Europe.

La part du commerce dans l'économie de la Pologne était de 9,4% dans les années 1980, se situant au 159ème rang mondial, à égalité avec le Koweït (9,5%).

Le commerce par habitant en Pologne était de 180.5 dollars dans les années 1980, se situant au 107ème rang mondial, à égalité avec Maurice (181,2 de dollars), le Vanuatu (184,8 de dollars). Le commerce par habitant en Pologne était 2,4 fois inférieur le commerce par habitant au Monde (437,7 US$), et 5,1 fois inférieur le commerce par habitant en Europe (921,4 US$).

La croissance du commerce en Pologne était de 1.6% dans les années 1980, se classant au 132ème rang mondial. La croissance du commerce en Pologne (1,6%) a été inférieure à celle du monde (3,3%), et inférieure à celle de l'Europe (1,9%).

Chapitre VIII. Commerce

Comparaison avec les voisins. Le commerce de la Pologne était supérieur à celui de la Tchécoslovaquie (5,8 milliards de dollars); mais inférieur à celui de l'Allemagne (116,7 milliards de dollars) et de l'URSS (112,3 milliards de dollars). Le commerce par habitant en Pologne était inférieur à celui de l'Allemagne (1 496,0 de dollars), de l'URSS (408,1 de dollars) et de la Tchécoslovaquie (375,3 de dollars). La croissance du commerce en Pologne était supérieure à celle de l'URSS (-0,62%); mais inférieure à celle de la Tchécoslovaquie (3,8%) et de l'Allemagne (1,8%).

Comparaison avec les leaders. Le secteur du commerce en Pologne était inférieur à celui des États-Unis (653,3 milliards de dollars), du Japon (277,3 milliards de dollars), de l'Allemagne (116,7 milliards de dollars), de l'URSS (112,3 milliards de dollars) et de l'Italie (95,7 milliards de dollars). Le commerce par habitant en Pologne était inférieur à celui des États-Unis (2 728,2 de dollars), du Japon (2 286,5 de dollars), de l'Italie (1 684,2 de dollars), de l'Allemagne (1 496,0 de dollars) et de l'URSS (408,1 de dollars). La croissance du commerce en Pologne était supérieure à celle de l'URSS (-0,62%); mais inférieure à celle du Japon (4,9%), des États-Unis (4,4%), de l'Italie (2,3%) et de l'Allemagne (1,8%).

Les années 1990

Le secteur du commerce en Pologne était de 21,0 milliards de dollars par an dans les années 1990, au 27ème rang mondial à égalité avec les Caraïbes (21,2 milliards de dollars). La part dans le monde était de 0,51% et de 1,6% en Europe.

La part du commerce dans l'économie de la Pologne était de 18,5% dans les années 1990, se situant au 59ème rang mondial, à égalité avec l'Asie du Sud-Est (18,5%), Saint-Marin (18,6%), la Papouasie-Nouvelle-Guinée (18,6%).

Le commerce par habitant en Pologne était de 547.6 dollars dans les années 1990, se classant au 74ème rang mondial, à égalité avec la Croatie (539,7 de dollars), la Malaisie (539,4 de dollars), le Panama (539,3 de dollars). Le commerce par habitant en Pologne était 24,1% inférieur le commerce par habitant au Monde (721,8 US$), et 3,3 fois inférieur le commerce par habitant en Europe (1 798,1 US$).

La croissance du commerce en Pologne était de 4.8% dans les années 1990, au 52ème rang mondial, à égalité avec l'Indonésie (4,8%), l'Est (4,8%). La croissance du commerce en Pologne (4,8%) a été supérieure à celle du monde (3,5%), et supérieure à celle de l'Europe (2,0%).

Comparaison avec les voisins. Le commerce de la Pologne était supérieur à celui de la Tchéquie (6,4 milliards de dollars), de l'Ukraine (4,5 milliards de dollars), de la Slovaquie (2,1 milliards de dollars) et de la Biélorussie (1,4 milliards de dollars); mais inférieur à celui de l'Allemagne (243,7 milliards de dollars). Le commerce par habitant en Pologne était supérieur à celui de la Slovaquie (389,7 de dollars), de la Biélorussie (140,7 de dollars) et de l'Ukraine (88,4 de dollars); mais inférieur à celui de l'Allemagne (3 021,8 de dollars) et de la Tchéquie (615,2 de dollars). La croissance du commerce en Pologne était supérieure à celle de l'Allemagne (2,5%), de la Tchéquie (-0,12%), de la Biélorussie (-0,85%) et de l'Ukraine (-12,5%); mais inférieure à celle de la Slovaquie (9,5%).

Comparaison avec les leaders. Le commerce de la Pologne était inférieur à celui des États-Unis (1,2 billions de dollars), du Japon (713,2 milliards de dollars), de l'Allemagne (243,7 milliards de dollars), de l'Italie (185,6 milliards de dollars) et de la France (177,0 milliards de dollars). Le commerce par habitant en Pologne était inférieur à celui du Japon (5 656,5 de dollars), des États-Unis (4 395,6 de dollars), de l'Italie (3 255,0 de dollars), de l'Allemagne (3 021,8 de dollars) et de la France (2 980,3 de dollars). La croissance du commerce en Pologne était supérieure à celle des États-Unis (4,3%), du Japon (3,8%), de l'Allemagne (2,5%), de la France (2,4%) et de l'Italie (1,9%).

Les années 2000

Le commerce de la Pologne était de 54,3 milliards de dollars par an dans les années 2000, se classant au 20ème rang mondial. La part dans le monde était de 0,84% et de 2,7% en Europe.

La part du commerce dans l'économie de la Pologne était de 20,0% dans les années 2000, se classant au 33ème rang mondial, à égalité avec le Pakistan (19,9%).

Le commerce par habitant en Pologne était de 1412.2 dollars dans les années 2000, se classant au 62ème rang mondial, à égalité avec Sainte-Lucie (1 406,6 de dollars), les Maldives (1 418,2 de dollars), la Croatie (1 405,4 de dollars). Le commerce par habitant en Pologne était 42,6% supérieur le commerce par habitant au Monde (990,3 US$), et 49,0% inférieur le commerce par habitant en Europe (2 771,1 US$).

La croissance du commerce en Pologne était de 3.6% dans les années 2000, au 105ème rang mondial, à égalité avec Chypre (3,6%), l'Équateur (3,6%). La croissance du commerce en Pologne (3,6%) a été supérieure à celle du monde (2,7%), et supérieure à celle de l'Europe (2,2%).

Comparaison avec les voisins. La valeur ajoutée du commerce en Pologne était supérieure à celle de la Tchéquie (17,0 milliards de dollars), de l'Ukraine (11,6 milliards de dollars), de la Slovaquie (7,2 milliards de dollars) et de la Biélorussie (3,4 milliards de dollars); mais inférieure à celle de l'Allemagne (296,0 milliards de dollars). Le commerce par habitant en Pologne était supérieur à celui de la Slovaquie (1 325,3 de dollars), de la Biélorussie (353,1 de dollars) et de l'Ukraine (246,8 de dollars); mais inférieur à celui de l'Allemagne (3 637,0 de dollars) et de la Tchéquie (1 645,7 de dollars). La croissance du commerce en Pologne était supérieure à celle de la Tchéquie (3,4%) et de l'Allemagne (1,7%); mais inférieure à celle de la Biélorussie (10,3%), de l'Ukraine (9,4%) et de la Slovaquie (5,7%).

Comparaison avec les leaders. La valeur ajoutée du commerce en Pologne était inférieure à celle des États-Unis (1,9 billions de dollars), du Japon (771,8 milliards de dollars), de l'Allemagne (296,0 milliards de dollars), du Royaume-Uni (293,5 milliards de dollars) et de la Chine (262,0 milliards de dollars). Le commerce par habitant en Pologne était supérieur à celui de la Chine (197,5 de dollars); mais inférieur à celui des États-Unis (6 383,1 de dollars), du Japon (6 021,3 de dollars), du Royaume-Uni (4 856,7 de dollars) et de l'Allemagne (3 637,0 de dollars). La croissance du commerce en Pologne était supérieure à celle de l'Allemagne (1,7%), du Royaume-Uni (1,3%), des États-Unis (1,1%) et du Japon (-0,77%); mais inférieure à celle de la Chine (11,9%).

Les années 2010

Le commerce de la Pologne était de 89,4 milliards de dollars par an dans les années 2010, au 20ème rang mondial. La part dans le monde était de 0,85% et de 3,3% en Europe.

La part du commerce dans l'économie de la Pologne était de 19,4% dans les années 2010, se situant au 50ème rang mondial, à égalité avec l'Angola (19,4%), la Guinée-Bissau (19,3%), Nauru (19,3%).

Le commerce par habitant en Pologne était de 2347.1 dollars dans les années 2010, se situant au 64ème rang mondial, à égalité avec la Tchéquie (2 353,4 de dollars). Le commerce par habitant en Pologne était 63,4% supérieur le commerce par habitant au Monde (1 436,8 US$), et 35,2% inférieur le commerce par habitant en Europe (3 620,4 US$).

La croissance du commerce en Pologne était de 3.2% dans les années 2010, au 115ème rang mondial, à égalité avec Sao Tomé-et-Principe (3,2%). La croissance du commerce en Pologne (3,2%) a été inférieure à celle du monde (3,3%), et supérieure à celle de l'Europe (2,0%).

Comparaison avec les voisins. Le secteur du commerce en Pologne était 3,6 fois supérieur à celui de la Tchéquie (25,0 milliards de dollars), 4,4 fois supérieur à celui de l'Ukraine (20,3 milliards de dollars), 7,7 fois supérieur à celui de la Slovaquie (11,5 milliards de dollars) et 11,4 fois supérieur à celui de la Biélorussie (7,8 milliards de dollars); mais 4,2 fois inférieur à celui de l'Allemagne (372,6 milliards de dollars). Le commerce par habitant en Pologne était 10,5% supérieur à celui de la Slovaquie (2 124,6 de dollars), 2,8 fois supérieur à celui de la Biélorussie (830,0 de dollars) et 5,2 fois supérieur à celui de l'Ukraine (451,6 de dollars); mais 48,4% inférieur à celui de l'Allemagne (4 551,8 de dollars) et 0,27% inférieur à celui de la Tchéquie (2 353,4 de dollars). La croissance du commerce en Pologne était supérieure à celle de l'Allemagne (2,0%), de l'Ukraine (-0,59%) et de la Slovaquie (-1,7%); mais inférieure à celle de la Biélorussie (4,1%) et de la Tchéquie (3,5%).

Comparaison avec les leaders. La valeur ajoutée du commerce en Pologne était 29,3 fois inférieure à celle des États-Unis (2,6 billions de dollars), 13,4 fois inférieure à celle de la Chine (1,2 billions de dollars), 9,7 fois inférieure à celle du Japon (869,5 milliards de dollars), 4,2 fois inférieure à celle de l'Allemagne (372,6 milliards de dollars) et 3,7 fois inférieure à celle du Royaume-Uni (330,0 milliards de dollars). Le commerce par habitant en Pologne était 2,8 fois supérieur à celui de la Chine (851,7 de dollars); mais 3,5 fois inférieur à celui des États-Unis (8 186,4 de dollars), 2,9 fois inférieur à celui du Japon (6 797,1 de dollars), 2,1 fois inférieur à celui du Royaume-Uni (5 030,4 de dollars) et 48,4% inférieur à celui de l'Allemagne (4 551,8 de dollars). La croissance du commerce en Pologne était supérieure à celle du Royaume-Uni (2,8%), des États-Unis (2,3%), de l'Allemagne (2,0%) et du Japon (0,77%); mais inférieure à celle de la Chine (8,9%).

Chapitre IX. Services

(ISIC J-P)

Le secteur des services en Pologne est passé de 9,5 milliards de dollars par an dans les années 1970 à 158,3 milliards de dollars par an dans les années 2010, c'est-à-dire 148,8 milliards de dollars ou de 16,7 fois. La variation a été de 137,9 milliards de dollars en raison de l'augmentation de 7,8 fois des prix, et de 9,7 milliards de dollars en raison de la croissance de productivité de 1,9 fois, et de 1,2 milliards de dollars en raison de la croissance démographique. La croissance annuelle moyenne des services était de 2,5%. La valeur minimale était de 5,5 milliards de dollars en 1970. La valeur maximale était de 184,0 milliards de dollars en 2019.

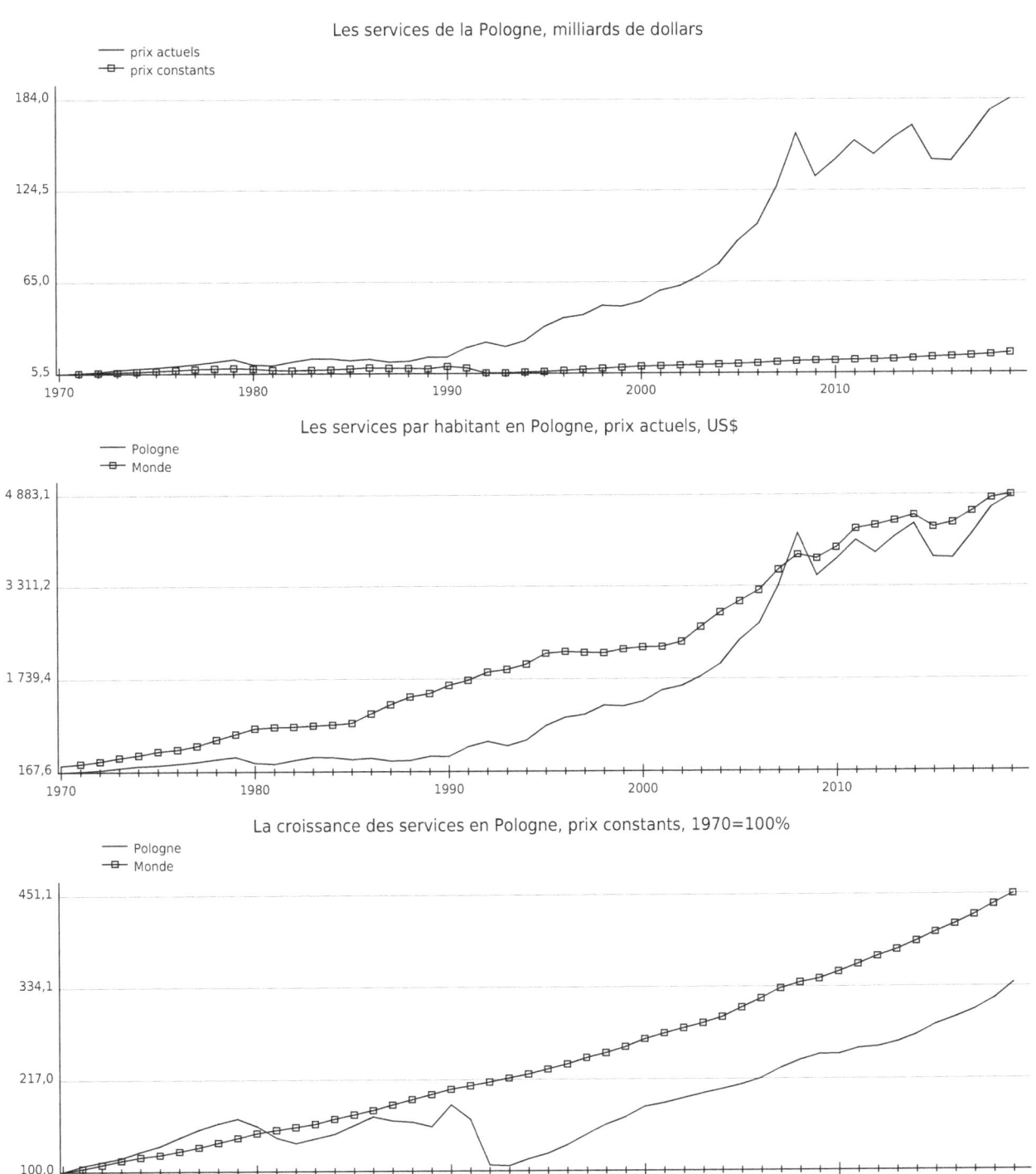

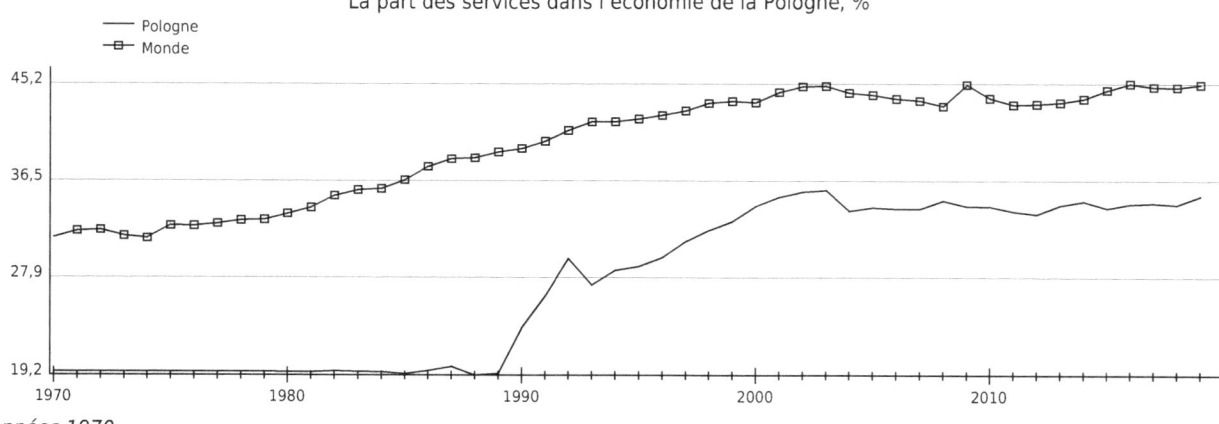

La part des services dans l'économie de la Pologne, %

Les années 1970

Le secteur des services en Pologne était de 9,5 milliards de dollars par an dans les années 1970, se classant au 27ème rang mondial à égalité avec l'Afrique du Sud (9,4 milliards de dollars). La part dans le monde était de 0,46% et de 1,2% en Europe.

La part des services dans l'économie de la Pologne était de 19,5% dans les années 1970, se situant au 143ème rang mondial, à égalité avec le Niger (19,4%), le Guyana (19,4%).

Les services par habitant en Pologne étaient de 280.3 dollars dans les années 1970, se classant au 89ème rang mondial, à égalité avec les îles Cook (284,5 de dollars), la Jordanie (286,3 de dollars). Les services par habitant en Pologne étaient 44,7% inférieures les services par habitant au Monde (506,9 US$), et 4,0 fois inférieures les services par habitant en Europe (1 130,2 US$).

La croissance des services en Pologne était de 5.9% dans les années 1970, se situant au 74ème rang mondial, à égalité avec la Colombie (5,9%), le Japon (5,9%). La croissance des services en Pologne (5,9%) a été supérieure à celle du monde (4,1%), et supérieure à celle de l'Europe (3,7%).

Comparaison avec les voisins. La valeur des services en Pologne était inférieure à celle de l'URSS (168,3 milliards de dollars), de l'Allemagne (150,2 milliards de dollars) et de la Tchécoslovaquie (9,9 milliards de dollars). Les services par habitant en Pologne étaient inférieures à celles de l'Allemagne (1 907,6 de dollars), de la Tchécoslovaquie (669,4 de dollars) et de l'URSS (667,3 de dollars). La croissance des services en Pologne était supérieure à celle de la Tchécoslovaquie (4,9%), de l'Allemagne (4,8%) et de l'URSS (0,90%).

Comparaison avec les leaders. Les services de la Pologne étaient inférieures à celles des États-Unis (674,4 milliards de dollars), de l'URSS (168,3 milliards de dollars), du Japon (153,8 milliards de dollars), de l'Allemagne (150,2 milliards de dollars) et de la France (121,8 milliards de dollars). Les services par habitant en Pologne étaient inférieures à celles des États-Unis (3 090,2 de dollars), de la France (2 271,8 de dollars), de l'Allemagne (1 907,6 de dollars), du Japon (1 381,3 de dollars) et de l'URSS (667,3 de dollars). La croissance des services en Pologne était supérieure à celle de l'Allemagne (4,8%), de la France (3,9%), des États-Unis (3,3%) et de l'URSS (0,90%); mais inférieure à celle du Japon (5,9%).

Les années 1980

La valeur des services en Pologne était de 13,8 milliards de dollars par an dans les années 1980, au 37ème rang mondial. La part dans le monde était de 0,26% et de 0,73% en Europe.

La part des services dans l'économie de la Pologne était de 19,5% dans les années 1980, au 158ème rang mondial.

Les services par habitant en Pologne étaient de 373.6 dollars dans les années 1980, au 103ème rang mondial, à égalité avec le Vanuatu (376,1 de dollars), Maurice (370,8 de dollars), l'Eswatini (368,8 de dollars). Les services par habitant en Pologne étaient 3,0 fois inférieures les services par habitant au Monde (1 115,5 US$), et 6,6 fois inférieures les services par habitant en Europe (2 449,2 US$).

La croissance des services en Pologne était de -0.6% dans les années 1980, au 174ème rang mondial. La croissance des services en Pologne (-0,64%) a été inférieure à celle du monde (3,3%), et inférieure à celle de l'Europe (3,0%).

Comparaison avec les voisins. La valeur des services en Pologne était inférieure à celle de l'Allemagne (362,2 milliards de dollars), de l'URSS (231,9 milliards de dollars) et de la Tchécoslovaquie (18,4 milliards de dollars). Les services par habitant en Pologne étaient

Chapitre IX. Services

inférieures à celles de l'Allemagne (4 642,6 de dollars), de la Tchécoslovaquie (1 188,9 de dollars) et de l'URSS (842,7 de dollars). La croissance des services en Pologne était inférieure à celle de l'URSS (6,3%), de l'Allemagne (3,1%) et de la Tchécoslovaquie (2,2%).

Comparaison avec les leaders. La valeur des services en Pologne était inférieure à celle des États-Unis (1,9 billions de dollars), du Japon (619,9 milliards de dollars), de l'Allemagne (362,2 milliards de dollars), de la France (294,5 milliards de dollars) et du Royaume-Uni (265,4 milliards de dollars). Les services par habitant en Pologne étaient inférieures à celles des États-Unis (7 844,6 de dollars), de la France (5 211,0 de dollars), du Japon (5 111,4 de dollars), du Royaume-Uni (4 700,6 de dollars) et de l'Allemagne (4 642,6 de dollars). La croissance des services en Pologne était inférieure à celle du Japon (4,8%), du Royaume-Uni (3,3%), de l'Allemagne (3,1%), des États-Unis (2,8%) et de la France (2,3%).

Les années 1990

Les services de la Pologne étaient de 33,5 milliards de dollars par an dans les années 1990, se situant au 33ème rang mondial à égalité avec la Colombie (33,4 milliards de dollars), la Thaïlande (32,7 milliards de dollars). La part dans le monde était de 0,29% et de 0,87% en Europe.

La part des services dans l'économie de la Pologne était de 29,6% dans les années 1990, au 118ème rang mondial, à égalité avec les Samoa (29,6%), la Bolivie (29,5%), le Pérou (29,8%).

Les services par habitant en Pologne étaient de 873.3 dollars dans les années 1990, se classant au 91ème rang mondial, à égalité avec Maurice (873,0 de dollars), la Micronésie (870,1 de dollars), Micronésie (882,7 de dollars). Les services par habitant en Pologne étaient 2,3 fois inférieures les services par habitant au Monde (2 014,6 US$), et 6,1 fois inférieures les services par habitant en Europe (5 286,9 US$).

La croissance des services en Pologne était de 0.7% dans les années 1990, se classant au 167ème rang mondial, à égalité avec la Barbade (0,74%). La croissance des services en Pologne (0,74%) a été inférieure à celle du monde (2,7%), et inférieure à celle de l'Europe (2,1%).

Comparaison avec les voisins. Les services de la Pologne étaient supérieures à celles de la Tchéquie (14,9 milliards de dollars), de l'Ukraine (12,3 milliards de dollars), de la Slovaquie (6,2 milliards de dollars) et de la Biélorussie (2,9 milliards de dollars); mais inférieures à celles de l'Allemagne (908,0 milliards de dollars). Les services par habitant en Pologne étaient supérieures à celles de la Biélorussie (291,6 de dollars) et de l'Ukraine (241,9 de dollars); mais inférieures à celles de l'Allemagne (11 259,5 de dollars), de la Tchéquie (1 439,7 de dollars) et de la Slovaquie (1 163,6 de dollars). La croissance des services en Pologne était supérieure à celle de l'Ukraine (-3,2%) et de la Biélorussie (-3,5%); mais inférieure à celle de la Slovaquie (4,8%), de l'Allemagne (3,2%) et de la Tchéquie (2,0%).

Comparaison avec les leaders. Les services de la Pologne étaient inférieures à celles des États-Unis (3,8 billions de dollars), du Japon (1,6 billions de dollars), de l'Allemagne (908,0 milliards de dollars), de la France (628,2 milliards de dollars) et du Royaume-Uni (592,3 milliards de dollars). Les services par habitant en Pologne étaient inférieures à celles des États-Unis (14 354,4 de dollars), du Japon (12 820,4 de dollars), de l'Allemagne (11 259,5 de dollars), de la France (10 578,2 de dollars) et du Royaume-Uni (10 233,8 de dollars). La croissance des services en Pologne était inférieure à celle de l'Allemagne (3,2%), du Royaume-Uni (3,0%), des États-Unis (2,3%), du Japon (1,7%) et de la France (1,6%).

Les années 2000

La valeur ajoutée des services en Pologne était de 93,6 milliards de dollars par an dans les années 2000, au 26ème rang mondial à égalité avec Hong Kong (95,7 milliards de dollars). La part dans le monde était de 0,48% et de 1,5% en Europe.

La part des services dans l'économie de la Pologne était de 34,4% dans les années 2000, au 108ème rang mondial, à égalité avec l'Asie (34,4%), le Belize (34,5%), l'Amérique centrale (34,6%).

Les services par habitant en Pologne étaient de 2436 dollars dans les années 2000, au 75ème rang mondial, à égalité avec le Chili (2 455,5 de dollars). Les services par habitant en Pologne étaient 19,1% inférieures les services par habitant au Monde (3 011,2 US$), et 3,6 fois inférieures les services par habitant en Europe (8 787,5 US$).

La croissance des services en Pologne était de 3.9% dans les années 2000, au 105ème rang mondial, à égalité avec le Guatemala (3,9%), la Guinée (3,9%), l'Estonie (3,9%). La croissance des services en Pologne (3,9%) a été supérieure à celle du monde (2,9%), et supérieure à celle de l'Europe (2,0%).

Comparaison avec les voisins. Le secteur des services en Pologne était supérieur à celui de la Tchéquie (43,3 milliards de dollars), de l'Ukraine (24,0 milliards de dollars), de la Slovaquie (16,9 milliards de dollars) et de la Biélorussie (6,7 milliards de dollars); mais inférieur à celui de l'Allemagne (1,2 billions de dollars). Les services par habitant en Pologne étaient supérieures à celles de la Biélorussie (694,7 de dollars) et de l'Ukraine (507,4 de dollars); mais inférieures à celles de l'Allemagne (14 979,9 de dollars), de la Tchéquie (4 199,7 de dollars) et de la Slovaquie (3 128,9 de dollars). La croissance des services en Pologne était supérieure à celle de la Slovaquie (2,3%), de la Tchéquie (1,6%) et de l'Allemagne (0,57%); mais inférieure à celle de l'Ukraine (5,0%) et de la Biélorussie (3,9%).

Comparaison avec les leaders. Les services de la Pologne étaient inférieures à celles des États-Unis (6,7 billions de dollars), du Japon (2,0 billions de dollars), de l'Allemagne (1,2 billions de dollars), du Royaume-Uni (1,1 billions de dollars) et de la France (997,0 milliards de dollars). Les services par habitant en Pologne étaient inférieures à celles des États-Unis (22 883,5 de dollars), du Royaume-Uni (18 012,4 de dollars), de la France (15 875,1 de dollars), du Japon (15 302,2 de dollars) et de l'Allemagne (14 979,9 de dollars). La croissance des services en Pologne était supérieure à celle du Royaume-Uni (2,7%), des États-Unis (2,0%), de la France (1,5%), du Japon (1,2%) et de l'Allemagne (0,57%).

Les années 2010

La valeur des services en Pologne était de 158,3 milliards de dollars par an dans les années 2010, se situant au 27ème rang mondial. La part dans le monde était de 0,48% et de 1,7% en Europe.

La part des services dans l'économie de la Pologne était de 34,3% dans les années 2010, se classant au 109ème rang mondial, à égalité avec le Rwanda (34,3%), le Sri Lanka (34,4%), la République dominicaine (34,2%).

Les services par habitant en Pologne étaient de 4155.2 dollars dans les années 2010, au 76ème rang mondial, à égalité avec l'Est (4 123,3 de dollars). Les services par habitant en Pologne étaient 7,0% inférieures les services par habitant au Monde (4 467,8 US$), et 2,9 fois inférieures les services par habitant en Europe (12 213,1 US$).

La croissance des services en Pologne était de 3.1% dans les années 2010, se classant au 103ème rang mondial. La croissance des services en Pologne (3,1%) a été supérieure à celle du monde (2,7%), et supérieure à celle de l'Europe (1,3%).

Comparaison avec les voisins. La valeur des services en Pologne était 2,2 fois supérieure à celle de la Tchéquie (73,1 milliards de dollars), 4,1 fois supérieure à celle de l'Ukraine (38,6 milliards de dollars), 4,5 fois supérieure à celle de la Slovaquie (34,9 milliards de dollars) et 10,7 fois supérieure à celle de la Biélorussie (14,9 milliards de dollars); mais 10,2 fois inférieure à celle de l'Allemagne (1,6 billions de dollars). Les services par habitant en Pologne étaient 2,6 fois supérieures à celles de la Biélorussie (1 574,2 de dollars) et 4,8 fois supérieures à celles de l'Ukraine (859,0 de dollars); mais 4,7 fois inférieures à celles de l'Allemagne (19 637,7 de dollars), 39,7% inférieures à celles de la Tchéquie (6 887,5 de dollars) et 35,3% inférieures à celles de la Slovaquie (6 424,0 de dollars). La croissance des services en Pologne était supérieure à celle de la Slovaquie (2,4%), de la Tchéquie (2,1%), de l'Allemagne (1,2%), de l'Ukraine (1,0%) et de la Biélorussie (-0,48%).

Comparaison avec les leaders. Le secteur des services en Pologne était 62,9 fois inférieur à celui des États-Unis (10,0 billions de dollars), 22,4 fois inférieur à celui de la Chine (3,5 billions de dollars), 14,4 fois inférieur à celui du Japon (2,3 billions de dollars), 10,2 fois inférieur à celui de l'Allemagne (1,6 billions de dollars) et 8,6 fois inférieur à celui du Royaume-Uni (1,4 billions de dollars). Les services par habitant en Pologne étaient 64,3% supérieures à celles de la Chine (2 529,2 de dollars); mais 7,5 fois inférieures à celles des États-Unis (31 159,6 de dollars), 5,0 fois inférieures à celles du Royaume-Uni (20 663,8 de dollars), 4,7 fois inférieures à celles de l'Allemagne (19 637,7 de dollars) et 4,3 fois inférieures à celles du Japon (17 771,8 de dollars). La croissance des services en Pologne était supérieure à celle des États-Unis (1,8%), du Royaume-Uni (1,7%), de l'Allemagne (1,2%) et du Japon (0,99%); mais inférieure à celle de la Chine (8,4%).

Partie III. Relations extérieures

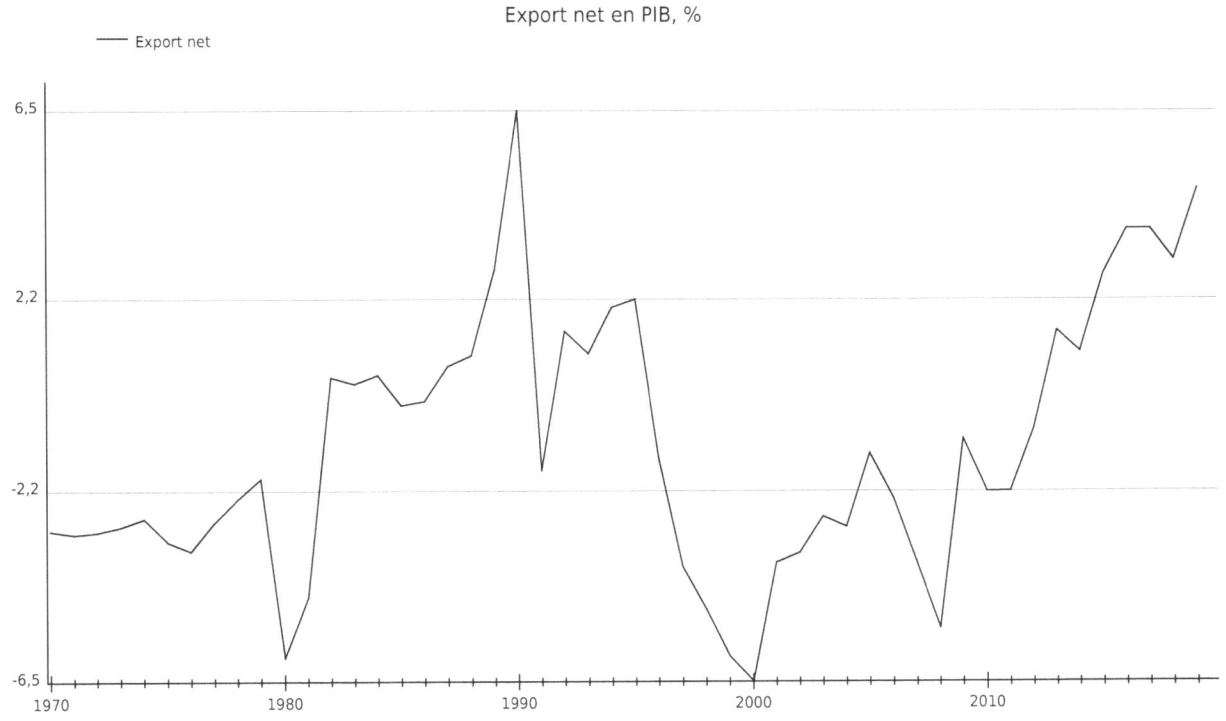

Chapitre X. Exportations

Les exportations de la Pologne sont passés de 11,0 milliards de dollars par an dans les années 1970 à 255,2 milliards de dollars par an dans les années 2010, c'est-à-dire 244,2 milliards de dollars ou de 23,1 fois. La variation a été de 104,5 milliards de dollars en raison de l'augmentation de 1,7 fois des prix, et de 138,3 milliards de dollars en raison de la croissance du taux par habitant de 12,1 fois, et de 1,4 milliards de dollars en raison de la croissance démographique. La croissance annuelle moyenne des exportations était de 6,7%. La valeur minimale était de 6,5 milliards de dollars en 1970. La valeur maximale était de 330,9 milliards de dollars en 2019.

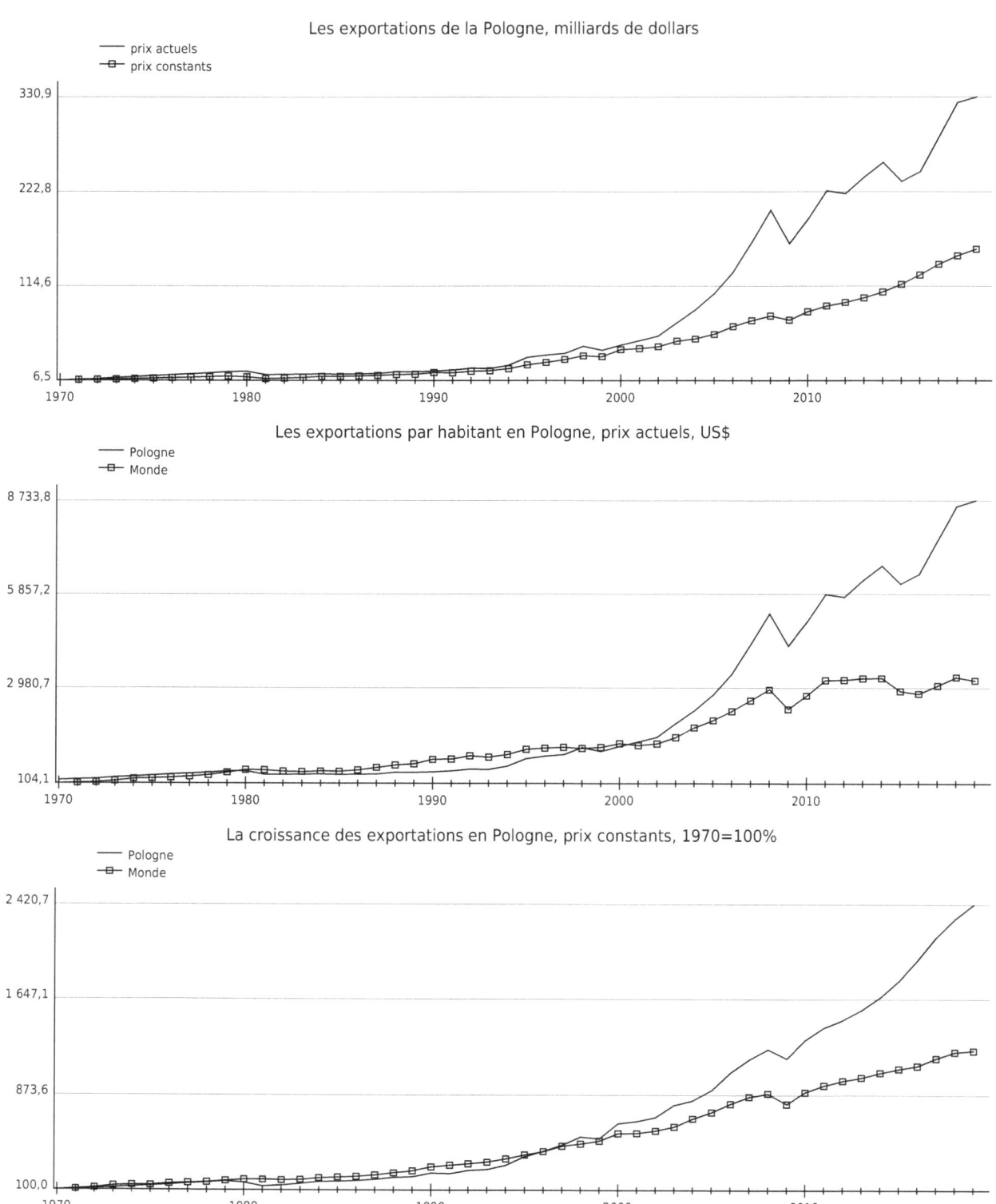

Chapitre X. Exportations

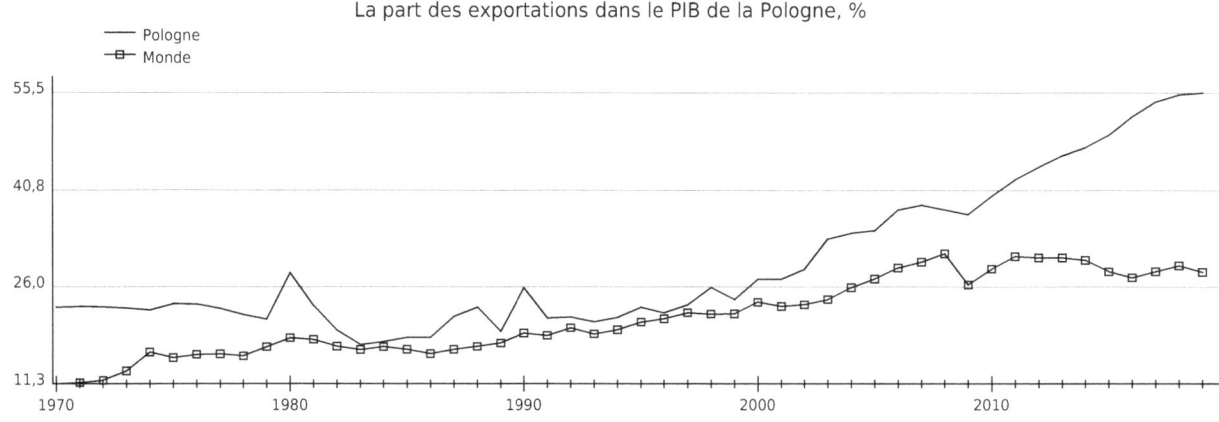
La part des exportations dans le PIB de la Pologne, %

Les années 1970

La valeur des exportations en Pologne était de 11,0 milliards de dollars par an dans les années 1970, au 19ème rang mondial à égalité avec le Danemark (11,1 milliards de dollars), la Norvège (11,2 milliards de dollars), l'Autriche (11,2 milliards de dollars). La part dans le monde était de 1,1% et de 2,4% en Europe.

La part des exportations dans le PIB de la Pologne était de 22,5% dans les années 1970, se classant au 109ème rang mondial, à égalité avec l'Albanie (22,4%), l'Indonésie (22,3%).

Les exportations par habitant en Pologne étaient de 326.2 dollars dans les années 1970, se classant au 81ème rang mondial, à égalité avec le Liban (321,8 de dollars). Les exportations par habitant en Pologne étaient 34,8% supérieures les exportations par habitant au Monde (242,1 US$), et 49,6% inférieures les exportations par habitant en Europe (646,7 US$).

La croissance des exportations en Pologne était de 6.2% dans les années 1970, se classant au 83ème rang mondial, à égalité avec l'Islande (6,2%). La croissance des exportations en Pologne (6,2%) a été inférieure à celle du monde (6,5%), et supérieure à celle de l'Europe (6,1%).

Comparaison avec les voisins. La valeur des exportations en Pologne était supérieure à celle de la Tchécoslovaquie (-152,1 millions de dollars); mais inférieure à celle de l'Allemagne (82,9 milliards de dollars). Les exportations par habitant en Pologne étaient supérieures à celles de la Tchécoslovaquie (-10,3 de dollars); mais inférieures à celles de l'Allemagne (1 052,2 de dollars). La croissance des exportations en Pologne était supérieure à celle de l'Allemagne (5,1%) et de la Tchécoslovaquie (-15,8%).

Comparaison avec les leaders. La valeur des exportations en Pologne était inférieure à celle des États-Unis (128,0 milliards de dollars), de l'Allemagne (82,9 milliards de dollars), de la France (64,3 milliards de dollars), du Japon (64,1 milliards de dollars) et du Royaume-Uni (61,3 milliards de dollars). Les exportations par habitant en Pologne étaient inférieures à celles de la France (1 199,1 de dollars), du Royaume-Uni (1 094,1 de dollars), de l'Allemagne (1 052,2 de dollars), des États-Unis (586,5 de dollars) et du Japon (575,8 de dollars). La croissance des exportations en Pologne était supérieure à celle de l'Allemagne (5,1%) et du Royaume-Uni (5,0%); mais inférieure à celle du Japon (8,6%), de la France (7,8%) et des États-Unis (6,8%).

Les années 1980

La valeur des exportations en Pologne était de 14,5 milliards de dollars par an dans les années 1980, se classant au 32ème rang mondial à égalité avec l'Inde (14,3 milliards de dollars), Porto Rico (14,2 milliards de dollars). La part dans le monde était de 0,56% et de 1,2% en Europe.

La part des exportations dans le PIB de la Pologne était de 20,3% dans les années 1980, se classant au 118ème rang mondial, à égalité avec l'Afrique (20,3%), le Salvador (20,2%), la Polynésie (20,5%).

Les exportations par habitant en Pologne étaient de 392.2 dollars dans les années 1980, se situant au 101ème rang mondial, à égalité avec les Palaos (388,9 de dollars), le Liban (398,1 de dollars). Les exportations par habitant en Pologne étaient 26,0% inférieures les exportations par habitant au Monde (529,9 US$), et 3,9 fois inférieures les exportations par habitant en Europe (1 521,7 US$).

La croissance des exportations en Pologne était de 1.9% dans les années 1980, se classant au 130ème rang mondial. La croissance des exportations en Pologne (1,9%) a été inférieure à celle du monde (3,8%), et inférieure à celle de l'Europe (4,0%).

Comparaison avec les voisins. Les exportations de la Pologne étaient supérieures à celles de la Tchécoslovaquie (1,4 milliards de dollars); mais inférieures à celles de l'Allemagne (208,1 milliards de dollars). Les exportations par habitant en Pologne étaient supérieures à celles de la Tchécoslovaquie (88,4 de dollars); mais inférieures à celles de l'Allemagne (2 667,0 de dollars). La croissance des exportations en Pologne était inférieure à celle de la Tchécoslovaquie (25,3%) et de l'Allemagne (4,7%).

Comparaison avec les leaders. Les exportations de la Pologne étaient inférieures à celles des États-Unis (338,6 milliards de dollars), du Japon (210,6 milliards de dollars), de l'Allemagne (208,1 milliards de dollars), de la France (155,9 milliards de dollars) et du Royaume-Uni (155,0 milliards de dollars). Les exportations par habitant en Pologne étaient inférieures à celles de la France (2 757,6 de dollars), du Royaume-Uni (2 744,8 de dollars), de l'Allemagne (2 667,0 de dollars), du Japon (1 736,5 de dollars) et des États-Unis (1 413,8 de dollars). La croissance des exportations en Pologne était inférieure à celle du Japon (6,7%), des États-Unis (5,7%), de l'Allemagne (4,7%), de la France (4,0%) et du Royaume-Uni (3,0%).

Les années 1990

La valeur des exportations en Pologne était de 29,1 milliards de dollars par an dans les années 1990, se classant au 35ème rang mondial à égalité avec le Portugal (28,4 milliards de dollars). La part dans le monde était de 0,50% et de 1,0% en Europe.

La part des exportations dans le PIB de la Pologne était de 23,1% dans les années 1990, se situant au 132ème rang mondial, à égalité avec la Bosnie-Herzégovine (23,1%), Monaco (23,0%), la France (23,0%).

Les exportations par habitant en Pologne étaient de 757.9 dollars dans les années 1990, se situant au 95ème rang mondial, à égalité avec l'Afrique du Sud (776,1 de dollars). Les exportations par habitant en Pologne étaient 26,4% inférieures les exportations par habitant au Monde (1 029,5 US$), et 5,0 fois inférieures les exportations par habitant en Europe (3 810,5 US$).

La croissance des exportations en Pologne était de 9.6% dans les années 1990, se classant au 34ème rang mondial, à égalité avec le Chili (9,6%). La croissance des exportations en Pologne (9,6%) a été supérieure à celle du monde (6,9%), et supérieure à celle de l'Europe (6,5%).

Comparaison avec les voisins. Les exportations de la Pologne étaient supérieures à celles de la Tchéquie (20,4 milliards de dollars), de l'Ukraine (20,1 milliards de dollars), de la Biélorussie (8,7 milliards de dollars) et de la Slovaquie (8,6 milliards de dollars); mais inférieures à celles de l'Allemagne (509,0 milliards de dollars). Les exportations par habitant en Pologne étaient supérieures à celles de l'Ukraine (396,7 de dollars); mais inférieures à celles de l'Allemagne (6 311,2 de dollars), de la Tchéquie (1 969,7 de dollars), de la Slovaquie (1 611,8 de dollars) et de la Biélorussie (860,1 de dollars). La croissance des exportations en Pologne était supérieure à celle de la Tchéquie (7,7%), de l'Allemagne (6,0%), de la Biélorussie (-7,2%) et de l'Ukraine (-7,9%); mais inférieure à celle de la Slovaquie (12,2%).

Comparaison avec les leaders. La valeur des exportations en Pologne était inférieure à celle des États-Unis (773,6 milliards de dollars), de l'Allemagne (509,0 milliards de dollars), du Japon (418,7 milliards de dollars), de la France (329,8 milliards de dollars) et du Royaume-Uni (324,3 milliards de dollars). Les exportations par habitant en Pologne étaient inférieures à celles de l'Allemagne (6 311,2 de dollars), du Royaume-Uni (5 602,2 de dollars), de la France (5 553,9 de dollars), du Japon (3 320,8 de dollars) et des États-Unis (2 925,3 de dollars). La croissance des exportations en Pologne était supérieure à celle des États-Unis (7,2%), de la France (6,5%), de l'Allemagne (6,0%), du Royaume-Uni (5,7%) et du Japon (4,2%).

Les années 2000

La valeur des exportations en Pologne était de 108,3 milliards de dollars par an dans les années 2000, se situant au 30ème rang mondial à égalité avec la Turquie (105,7 milliards de dollars). La part dans le monde était de 0,86% et de 1,9% en Europe.

La structure des exportations: produits primaires (9,4%), articles manufacturés provenant de ressources naturelles (17,2%), articles manufacturés à faible technologie (22,5%), articles manufacturés de technologie moyenne (38,8%), articles manufacturés à haute technologie (9,9%).

La Pologne a exporté des marchandises vers l'Allemagne (28,0%), l'Italie (6,3%), la France (6,2%), le Royaume-Uni (5,7%), la Tchéquie (5,1%) et d'autres pays (48,6%).

La part des exportations dans le PIB de la Pologne était de 35,1% dans les années 2000, se situant au 109ème rang mondial, à égalité avec Saint-Vincent-et-les-Grenadines (35,0%), l'Islande (35,2%), le Cap-Vert (35,3%).

Les exportations par habitant en Pologne étaient de 2817.6 dollars dans les années 2000, au 80ème rang mondial, à égalité avec les

Chapitre X. Exportations

Amériques (2 781,7 de dollars). Les exportations par habitant en Pologne étaient 45,7% supérieures les exportations par habitant au Monde (1 933,7 US$), et 2,7 fois inférieures les exportations par habitant en Europe (7 642,0 US$).

La croissance des exportations en Pologne était de 8.4% dans les années 2000, se classant au 47ème rang mondial, à égalité avec le Ghana (8,4%), le Qatar (8,5%). La croissance des exportations en Pologne (8,4%) a été supérieure à celle du monde (4,8%), et supérieure à celle de l'Europe (3,8%).

Comparaison avec les voisins. Les exportations de la Pologne étaient supérieures à celles de la Tchéquie (79,7 milliards de dollars), de l'Ukraine (41,4 milliards de dollars), de la Slovaquie (37,3 milliards de dollars) et de la Biélorussie (18,2 milliards de dollars); mais inférieures à celles de l'Allemagne (1,0 billions de dollars). Les exportations par habitant en Pologne étaient supérieures à celles de la Biélorussie (1 888,1 de dollars) et de l'Ukraine (877,5 de dollars); mais inférieures à celles de l'Allemagne (12 836,9 de dollars), de la Tchéquie (7 728,6 de dollars) et de la Slovaquie (6 900,7 de dollars). La croissance des exportations en Pologne était supérieure à celle de la Biélorussie (6,2%), de l'Allemagne (5,0%) et de l'Ukraine (2,5%); mais inférieure à celle de la Slovaquie (9,8%) et de la Tchéquie (9,7%).

Comparaison avec les leaders. Les exportations de la Pologne étaient inférieures à celles des États-Unis (1,3 billions de dollars), de l'Allemagne (1,0 billions de dollars), de la Chine (780,2 milliards de dollars), du Japon (626,3 milliards de dollars) et du Royaume-Uni (591,1 milliards de dollars). Les exportations par habitant en Pologne étaient supérieures à celles de la Chine (588,1 de dollars); mais inférieures à celles de l'Allemagne (12 836,9 de dollars), du Royaume-Uni (9 780,7 de dollars), du Japon (4 886,4 de dollars) et des États-Unis (4 488,4 de dollars). La croissance des exportations en Pologne était supérieure à celle de l'Allemagne (5,0%), du Japon (3,5%), des États-Unis (3,3%) et du Royaume-Uni (2,8%); mais inférieure à celle de la Chine (12,7%).

Les années 2010

La valeur des exportations en Pologne était de 255,2 milliards de dollars par an dans les années 2010, se classant au 25ème rang mondial. La part dans le monde était de 1,1% et de 2,8% en Europe.

La structure des exportations: produits primaires (9,8%), articles manufacturés provenant de ressources naturelles (18,7%), articles manufacturés à faible technologie (21,1%), articles manufacturés de technologie moyenne (36,8%), articles manufacturés à haute technologie (12,5%).

La Pologne a exporté des marchandises vers l'Allemagne (26,5%), le Royaume-Uni (6,5%), la Tchéquie (6,3%), la France (5,8%), l'Italie (4,9%) et d'autres pays (50,1%).

La part des exportations dans le PIB de la Pologne était de 48,8% dans les années 2010, se situant au 65ème rang mondial, à égalité avec les Îles Marshall (49,0%), le Vanuatu (48,5%), le Guyana (48,5%).

Les exportations par habitant en Pologne étaient de 6701.1 dollars dans les années 2010, au 67ème rang mondial, à égalité avec le Japon (6 718,2 de dollars), la Grèce (6 678,0 de dollars), le Panama (6 766,3 de dollars). Les exportations par habitant en Pologne étaient 2,2 fois supérieures les exportations par habitant au Monde (3 098,9 US$), et 44,5% inférieures les exportations par habitant en Europe (12 067,8 US$).

La croissance des exportations en Pologne était de 7.6% dans les années 2010, se classant au 38ème rang mondial. La croissance des exportations en Pologne (7,6%) a été supérieure à celle du monde (4,4%), et supérieure à celle de l'Europe (4,4%).

Comparaison avec les voisins. Les exportations de la Pologne étaient 54,9% supérieures à celles de la Tchéquie (164,8 milliards de dollars), 2,9 fois supérieures à celles de la Slovaquie (88,0 milliards de dollars), 4,0 fois supérieures à celles de l'Ukraine (64,3 milliards de dollars) et 6,4 fois supérieures à celles de la Biélorussie (40,0 milliards de dollars); mais 6,6 fois inférieures à celles de l'Allemagne (1,7 billions de dollars). Les exportations par habitant en Pologne étaient 57,9% supérieures à celles de la Biélorussie (4 242,6 de dollars) et 4,7 fois supérieures à celles de l'Ukraine (1 430,2 de dollars); mais 3,1 fois inférieures à celles de l'Allemagne (20 563,4 de dollars), 2,4 fois inférieures à celles de la Slovaquie (16 201,6 de dollars) et 2,3 fois inférieures à celles de la Tchéquie (15 533,5 de dollars). La croissance des exportations en Pologne était supérieure à celle de la Slovaquie (6,7%), de la Tchéquie (5,9%), de la Biélorussie (5,0%), de l'Allemagne (4,7%) et de l'Ukraine (-3,4%).

Comparaison avec les leaders. Les exportations de la Pologne étaient 9,0 fois inférieures à celles de la Chine (2,3 billions de dollars), 8,9 fois inférieures à celles des États-Unis (2,3 billions de dollars), 6,6 fois inférieures à celles de l'Allemagne (1,7 billions de dollars), 3,4 fois inférieures à celles du Japon (859,4 milliards de dollars) et 3,2 fois inférieures à celles du Royaume-Uni (815,1 milliards de dollars). Les exportations par habitant en Pologne étaient 4,1 fois supérieures à celles de la Chine (1 635,3 de dollars); mais 3,1 fois inférieures à celles de l'Allemagne (20 563,4 de dollars), 46,1% inférieures à celles du Royaume-Uni (12 425,4 de dollars), 5,7% inférieures à celles des États-Unis (7 104,2 de dollars) et 0,26% inférieures à celles du Japon (6 718,2 de dollars). La croissance des exportations en Pologne était supérieure à celle de la Chine (6,8%), de l'Allemagne (4,7%), du Japon (4,6%), des États-Unis (3,7%) et du Royaume-Uni (3,1%).

Chapitre XI. Importations

La valeur des importations en Pologne est passé de 12,4 milliards de dollars par an dans les années 1970 à 246,8 milliards de dollars par an dans les années 2010, c'est-à-dire 234,4 milliards de dollars ou de 19,9 fois. La variation a été de 80,1 milliards de dollars en raison de l'augmentation de 1,5 fois des prix, et de 152,7 milliards de dollars en raison de la croissance du taux par habitant de 11,9 fois, et de 1,5 milliards de dollars en raison de la croissance démographique. La croissance annuelle moyenne des importations était de 6,6%. La valeur minimale était de 7,4 milliards de dollars en 1970. La valeur maximale était de 306,5 milliards de dollars en 2018.

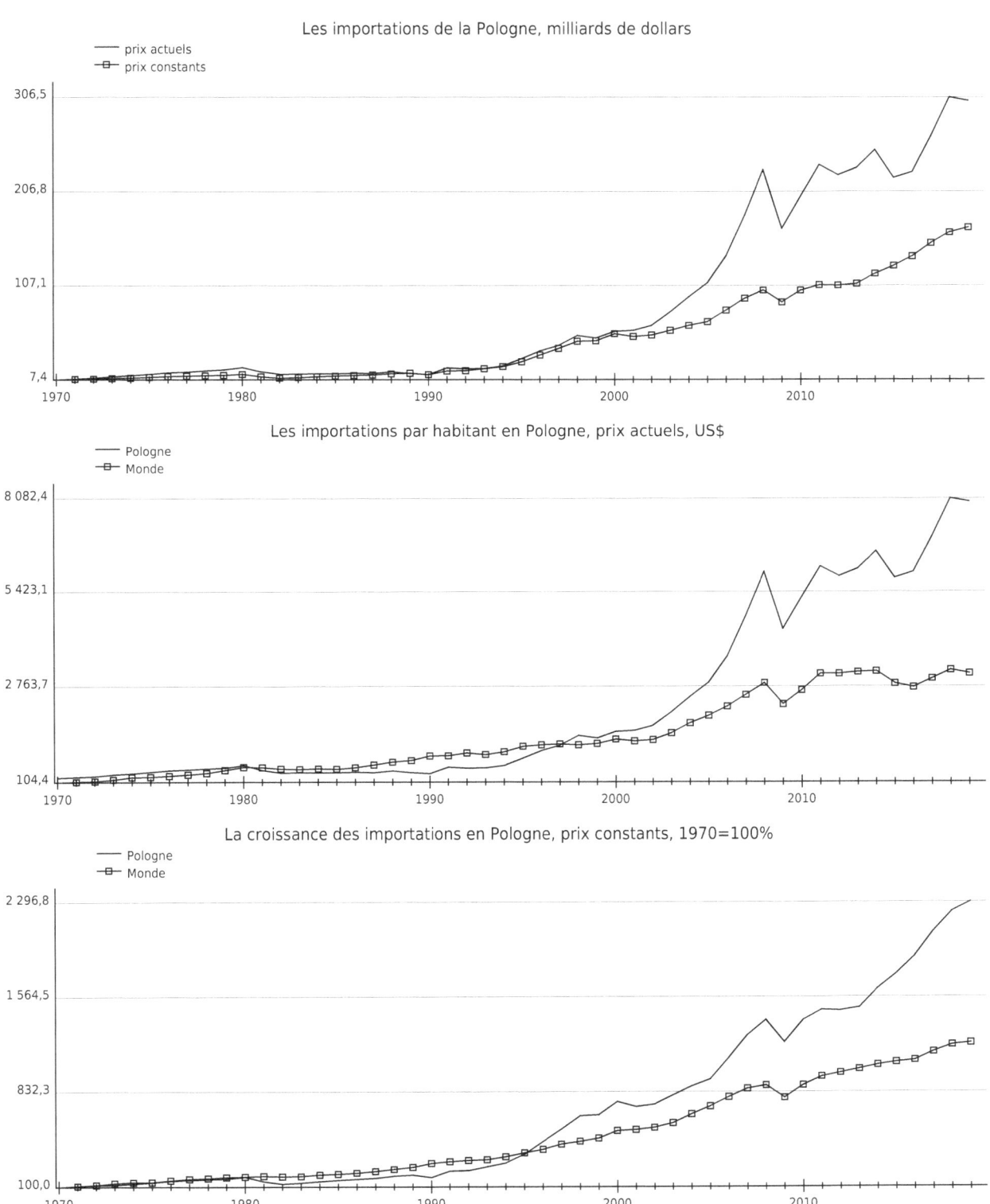

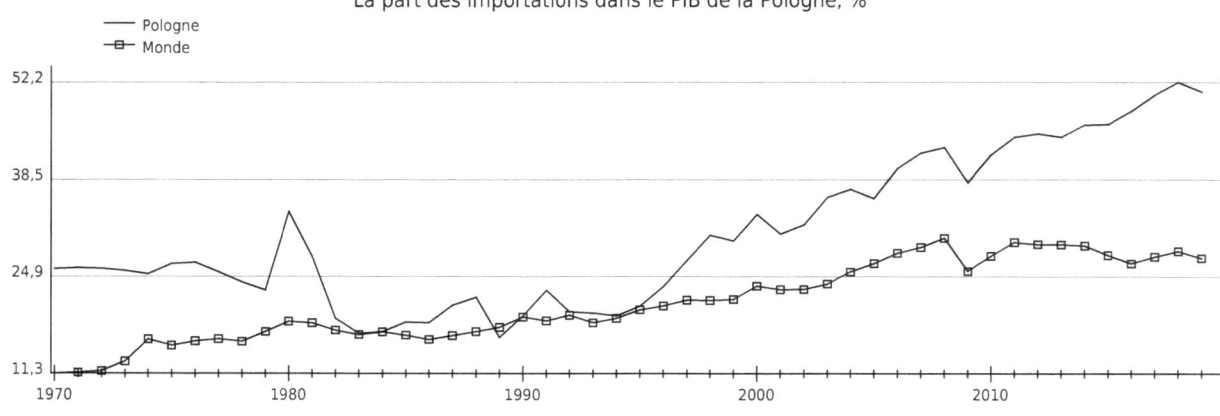

La part des importations dans le PIB de la Pologne, %

Les années 1970

Les importations de la Pologne étaient de 12,4 milliards de dollars par an dans les années 1970, se situant au 15ème rang mondial. La part dans le monde était de 1,3% et de 2,5% en Europe.

La part des importations dans le PIB de la Pologne était de 25,3% dans les années 1970, se classant au 124ème rang mondial, à égalité avec l'Afrique du Sud (25,3%), la Suède (25,5%).

Les importations par habitant en Pologne étaient de 366.9 dollars dans les années 1970, au 85ème rang mondial, à égalité avec l'Iran (365,1 de dollars), la Malaisie (364,3 de dollars), la Jamaïque (370,3 de dollars). Les importations par habitant en Pologne étaient 50,1% supérieures les importations par habitant au Monde (244,3 US$), et 45,4% inférieures les importations par habitant en Europe (672,3 US$).

La croissance des importations en Pologne était de 5.6% dans les années 1970, se classant au 100ème rang mondial, à égalité avec l'Allemagne (5,6%), l'Europe du Sud (5,6%), d'Israël (5,6%). La croissance des importations en Pologne (5,6%) a été inférieure à celle du monde (6,3%), et supérieure à celle de l'Europe (5,4%).

Comparaison avec les voisins. La valeur des importations en Pologne était inférieure à celle de l'Allemagne (92,5 milliards de dollars). Les importations par habitant en Pologne étaient inférieures à celles de l'Allemagne (1 175,1 de dollars). La croissance des importations en Pologne était supérieure à celle de l'Allemagne (5,6%).

Comparaison avec les leaders. Les importations de la Pologne étaient inférieures à celles des États-Unis (133,2 milliards de dollars), de l'Allemagne (92,5 milliards de dollars), de la France (63,3 milliards de dollars), du Royaume-Uni (62,4 milliards de dollars) et du Japon (61,0 milliards de dollars). Les importations par habitant en Pologne étaient inférieures à celles de la France (1 181,1 de dollars), de l'Allemagne (1 175,1 de dollars), du Royaume-Uni (1 113,2 de dollars), des États-Unis (610,4 de dollars) et du Japon (547,6 de dollars). La croissance des importations en Pologne était supérieure à celle de l'Allemagne (5,6%), des États-Unis (5,1%) et du Royaume-Uni (4,5%); mais inférieure à celle de la France (7,2%) et du Japon (7,0%).

Les années 1980

La valeur des importations en Pologne était de 14,7 milliards de dollars par an dans les années 1980, se situant au 32ème rang mondial à égalité avec l'Afrique centrale (14,8 milliards de dollars), la Grèce (14,4 milliards de dollars), Porto Rico (14,4 milliards de dollars). La part dans le monde était de 0,56% et de 1,2% en Europe.

La part des importations dans le PIB de la Pologne était de 20,6% dans les années 1980, se classant au 141ème rang mondial, à égalité avec Sierra Leone (20,7%), le Burundi (20,7%).

Les importations par habitant en Pologne étaient de 397.9 dollars dans les années 1980, se classant au 112ème rang mondial, à égalité avec les Comores (401,1 de dollars). Les importations par habitant en Pologne étaient 26,2% inférieures les importations par habitant au Monde (539,1 US$), et 3,9 fois inférieures les importations par habitant en Europe (1 550,8 US$).

La croissance des importations en Pologne était de 1.6% dans les années 1980, au 123ème rang mondial, à égalité avec l'Est (1,6%). La croissance des importations en Pologne (1,6%) a été inférieure à celle du monde (3,8%), et inférieure à celle de l'Europe (4,1%).

Comparaison avec les voisins. La valeur des importations en Pologne était inférieure à celle de l'Allemagne (225,6 milliards de dollars).

Chapitre XI. Importations

Les importations par habitant en Pologne étaient inférieures à celles de l'Allemagne (2 891,9 de dollars). La croissance des importations en Pologne était inférieure à celle de l'Allemagne (3,3%).

Comparaison avec les leaders. La valeur des importations en Pologne était inférieure à celle des États-Unis (417,2 milliards de dollars), de l'Allemagne (225,6 milliards de dollars), du Japon (175,9 milliards de dollars), de la France (162,0 milliards de dollars) et du Royaume-Uni (157,7 milliards de dollars). Les importations par habitant en Pologne étaient inférieures à celles de l'Allemagne (2 891,9 de dollars), de la France (2 867,2 de dollars), du Royaume-Uni (2 793,0 de dollars), des États-Unis (1 742,4 de dollars) et du Japon (1 450,4 de dollars). La croissance des importations en Pologne était inférieure à celle des États-Unis (5,8%), du Royaume-Uni (5,1%), du Japon (4,6%), de la France (4,3%) et de l'Allemagne (3,3%).

Les années 1990

Les importations de la Pologne étaient de 30,7 milliards de dollars par an dans les années 1990, se situant au 34ème rang mondial à égalité avec la Grèce (30,6 milliards de dollars), d'Israël (31,3 milliards de dollars). La part dans le monde était de 0,53% et de 1,2% en Europe.

La part des importations dans le PIB de la Pologne était de 24,4% dans les années 1990, au 161ème rang mondial, à égalité avec la Polynésie française (24,4%), le Rwanda (24,5%), l'Algérie (24,3%).

Les importations par habitant en Pologne étaient de 801.3 dollars dans les années 1990, se classant au 107ème rang mondial, à égalité avec la République dominicaine (806,3 de dollars), la Bosnie-Herzégovine (820,9 de dollars). Les importations par habitant en Pologne étaient 21,1% inférieures les importations par habitant au Monde (1 015,5 US$), et 4,6 fois inférieures les importations par habitant en Europe (3 655,2 US$).

La croissance des importations en Pologne était de 13.1% dans les années 1990, se classant au 11ème rang mondial, à égalité avec le Mexique (13,1%). La croissance des importations en Pologne (13,1%) a été supérieure à celle du monde (6,6%), et supérieure à celle de l'Europe (5,9%).

Comparaison avec les voisins. Les importations de la Pologne étaient supérieures à celles de la Tchéquie (20,9 milliards de dollars), de l'Ukraine (20,4 milliards de dollars), de la Slovaquie (9,9 milliards de dollars) et de la Biélorussie (9,3 milliards de dollars); mais inférieures à celles de l'Allemagne (501,6 milliards de dollars). Les importations par habitant en Pologne étaient supérieures à celles de l'Ukraine (402,3 de dollars); mais inférieures à celles de l'Allemagne (6 220,3 de dollars), de la Tchéquie (2 020,3 de dollars), de la Slovaquie (1 843,9 de dollars) et de la Biélorussie (922,5 de dollars). La croissance des importations en Pologne était supérieure à celle de la Tchéquie (8,1%), de l'Allemagne (6,4%), de la Slovaquie (5,4%), de la Biélorussie (-10,2%) et de l'Ukraine (-12,1%).

Comparaison avec les leaders. Les importations de la Pologne étaient inférieures à celles des États-Unis (874,1 milliards de dollars), de l'Allemagne (501,6 milliards de dollars), du Japon (355,9 milliards de dollars), du Royaume-Uni (330,2 milliards de dollars) et de la France (308,5 milliards de dollars). Les importations par habitant en Pologne étaient inférieures à celles de l'Allemagne (6 220,3 de dollars), du Royaume-Uni (5 705,3 de dollars), de la France (5 194,4 de dollars), des États-Unis (3 305,6 de dollars) et du Japon (2 822,9 de dollars). La croissance des importations en Pologne était supérieure à celle des États-Unis (8,3%), de l'Allemagne (6,4%), de la France (5,1%), du Royaume-Uni (5,1%) et du Japon (3,3%).

Les années 2000

Les importations de la Pologne étaient de 118,2 milliards de dollars par an dans les années 2000, se situant au 26ème rang mondial à égalité avec la Thaïlande (119,6 milliards de dollars). La part dans le monde était de 0,96% et de 2,2% en Europe.

La structure des importations: produits primaires (15,3%), articles manufacturés provenant de ressources naturelles (12,9%), articles manufacturés à faible technologie (16,7%), articles manufacturés de technologie moyenne (36,8%), articles manufacturés à haute technologie (15,1%).

La Pologne a importé des marchandises en provenance l'Allemagne (28,7%), la Russie (8,3%), l'Italie (7,2%), la France (5,7%), les Pays-Bas (5,4%) et d'autres pays (44,8%).

La part des importations dans le PIB de la Pologne était de 38,3% dans les années 2000, se classant au 124ème rang mondial, à égalité avec le Maroc (38,6%), le Mozambique (38,6%), la Roumanie (37,9%).

Les importations par habitant en Pologne étaient de 3077.5 dollars dans les années 2000, se classant au 78ème rang mondial, à égalité avec les Maldives (3 100,6 de dollars). Les importations par habitant en Pologne étaient 62,0% supérieures les importations par habitant au Monde (1 899,9 US$), et 2,4 fois inférieures les importations par habitant en Europe (7 287,7 US$).

La croissance des importations en Pologne était de 6.4% dans les années 2000, se situant au 79ème rang mondial, à égalité avec l'Ukraine (6,3%), le Liberia (6,3%), l'Irlande (6,4%). La croissance des importations en Pologne (6,4%) a été supérieure à celle du monde (5,1%), et supérieure à celle de l'Europe (4,0%).

Comparaison avec les voisins. La valeur des importations en Pologne était supérieure à celle de la Tchéquie (77,6 milliards de dollars), de l'Ukraine (43,1 milliards de dollars), de la Slovaquie (38,1 milliards de dollars) et de la Biélorussie (20,0 milliards de dollars); mais inférieure à celle de l'Allemagne (914,7 milliards de dollars). Les importations par habitant en Pologne étaient supérieures à celles de la Biélorussie (2 075,0 de dollars) et de l'Ukraine (912,6 de dollars); mais inférieures à celles de l'Allemagne (11 237,8 de dollars), de la Tchéquie (7 521,5 de dollars) et de la Slovaquie (7 063,9 de dollars). La croissance des importations en Pologne était supérieure à celle de l'Ukraine (6,3%) et de l'Allemagne (3,7%); mais inférieure à celle de la Biélorussie (9,5%), de la Tchéquie (9,1%) et de la Slovaquie (8,4%).

Comparaison avec les leaders. La valeur des importations en Pologne était inférieure à celle des États-Unis (1,9 billions de dollars), de l'Allemagne (914,7 milliards de dollars), du Royaume-Uni (641,8 milliards de dollars), de la Chine (641,1 milliards de dollars) et du Japon (566,4 milliards de dollars). Les importations par habitant en Pologne étaient supérieures à celles de la Chine (483,3 de dollars); mais inférieures à celles de l'Allemagne (11 237,8 de dollars), du Royaume-Uni (10 620,4 de dollars), des États-Unis (6 400,9 de dollars) et du Japon (4 418,9 de dollars). La croissance des importations en Pologne était supérieure à celle de l'Allemagne (3,7%), du Royaume-Uni (3,1%), des États-Unis (2,8%) et du Japon (1,8%); mais inférieure à celle de la Chine (15,1%).

Les années 2010

Les importations de la Pologne étaient de 246,8 milliards de dollars par an dans les années 2010, au 24ème rang mondial à égalité avec la Turquie (242,3 milliards de dollars), la Thaïlande (252,4 milliards de dollars). La part dans le monde était de 1,1% et de 3,0% en Europe.

La structure des importations: produits primaires (16,7%), articles manufacturés provenant de ressources naturelles (13,2%), articles manufacturés à faible technologie (17,5%), articles manufacturés de technologie moyenne (34,4%), articles manufacturés à haute technologie (15,7%).

La Pologne a importé des marchandises en provenance l'Allemagne (27,3%), la Russie (6,8%), la Chine (6,4%), les Pays-Bas (6,0%), l'Italie (5,9%) et d'autres pays (47,6%).

La part des importations dans le PIB de la Pologne était de 47,2% dans les années 2010, se situant au 100ème rang mondial, à égalité avec l'Albanie (46,9%), le Maroc (46,9%).

Les importations par habitant en Pologne étaient de 6480.6 dollars dans les années 2010, se classant au 74ème rang mondial. Les importations par habitant en Pologne étaient 2,1 fois supérieures les importations par habitant au Monde (3 015,6 US$), et 41,9% inférieures les importations par habitant en Europe (11 149,4 US$).

La croissance des importations en Pologne était de 6.6% dans les années 2010, au 46ème rang mondial, à égalité avec la Colombie (6,6%). La croissance des importations en Pologne (6,6%) a été supérieure à celle du monde (4,4%), et supérieure à celle de l'Europe (4,3%).

Comparaison avec les voisins. Les importations de la Pologne étaient 61,9% supérieures à celles de la Tchéquie (152,5 milliards de dollars), 2,9 fois supérieures à celles de la Slovaquie (85,4 milliards de dollars), 3,3 fois supérieures à celles de l'Ukraine (73,7 milliards de dollars) et 6,1 fois supérieures à celles de la Biélorussie (40,8 milliards de dollars); mais 5,9 fois inférieures à celles de l'Allemagne (1,5 billions de dollars). Les importations par habitant en Pologne étaient 49,9% supérieures à celles de la Biélorussie (4 322,6 de dollars) et 4,0 fois supérieures à celles de l'Ukraine (1 639,3 de dollars); mais 2,7 fois inférieures à celles de l'Allemagne (17 771,2 de dollars), 2,4 fois inférieures à celles de la Slovaquie (15 724,4 de dollars) et 2,2 fois inférieures à celles de la Tchéquie (14 375,8 de dollars). La croissance des importations en Pologne était supérieure à celle de la Slovaquie (6,0%), de la Tchéquie (5,7%), de l'Allemagne (4,8%), de la Biélorussie (4,8%) et de l'Ukraine (1,0%).

Comparaison avec les leaders. Les importations de la Pologne étaient 11,4 fois inférieures à celles des États-Unis (2,8 billions de dollars), 8,4 fois inférieures à celles de la Chine (2,1 billions de dollars), 5,9 fois inférieures à celles de l'Allemagne (1,5 billions de dollars), 3,6 fois inférieures à celles du Japon (877,9 milliards de dollars) et 3,5 fois inférieures à celles du Royaume-Uni (854,8 milliards de dollars). Les importations par habitant en Pologne étaient 4,4 fois supérieures à celles de la Chine (1 475,4 de dollars); mais 2,7 fois inférieures à celles de l'Allemagne (17 771,2 de dollars), 2,0 fois inférieures à celles du Royaume-Uni (13 030,6 de dollars), 26,5% inférieures à celles des États-Unis (8 817,8 de dollars) et 5,6% inférieures à celles du Japon (6 862,7 de dollars). La croissance des importations en Pologne était supérieure à celle de l'Allemagne (4,8%), des États-Unis (4,4%), du Japon (3,8%) et du Royaume-Uni (3,6%); mais inférieure à celle de la Chine (8,2%).

Partie IV. Consommation

Chapitre XII. Dépenses publiques

Dépenses de consommation des administrations publiques

Les dépense de consommation publique de la Pologne sont passés de 9,7 milliards de dollars par an dans les années 1970 à 94,8 milliards de dollars par an dans les années 2010, c'est-à-dire 85,2 milliards de dollars ou de 9,8 fois. La variation a été de 67,6 milliards de dollars en raison de l'augmentation de 3,5 fois des prix, et de 16,3 milliards de dollars en raison de la croissance du taux par habitant de 2,5 fois, et de 1,2 milliards de dollars en raison de la croissance démographique. La croissance annuelle moyenne des dépenses publiques était de 3,0%. La valeur minimale était de 5,6 milliards de dollars en 1970. La valeur maximale était de 107,3 milliards de dollars en 2019.

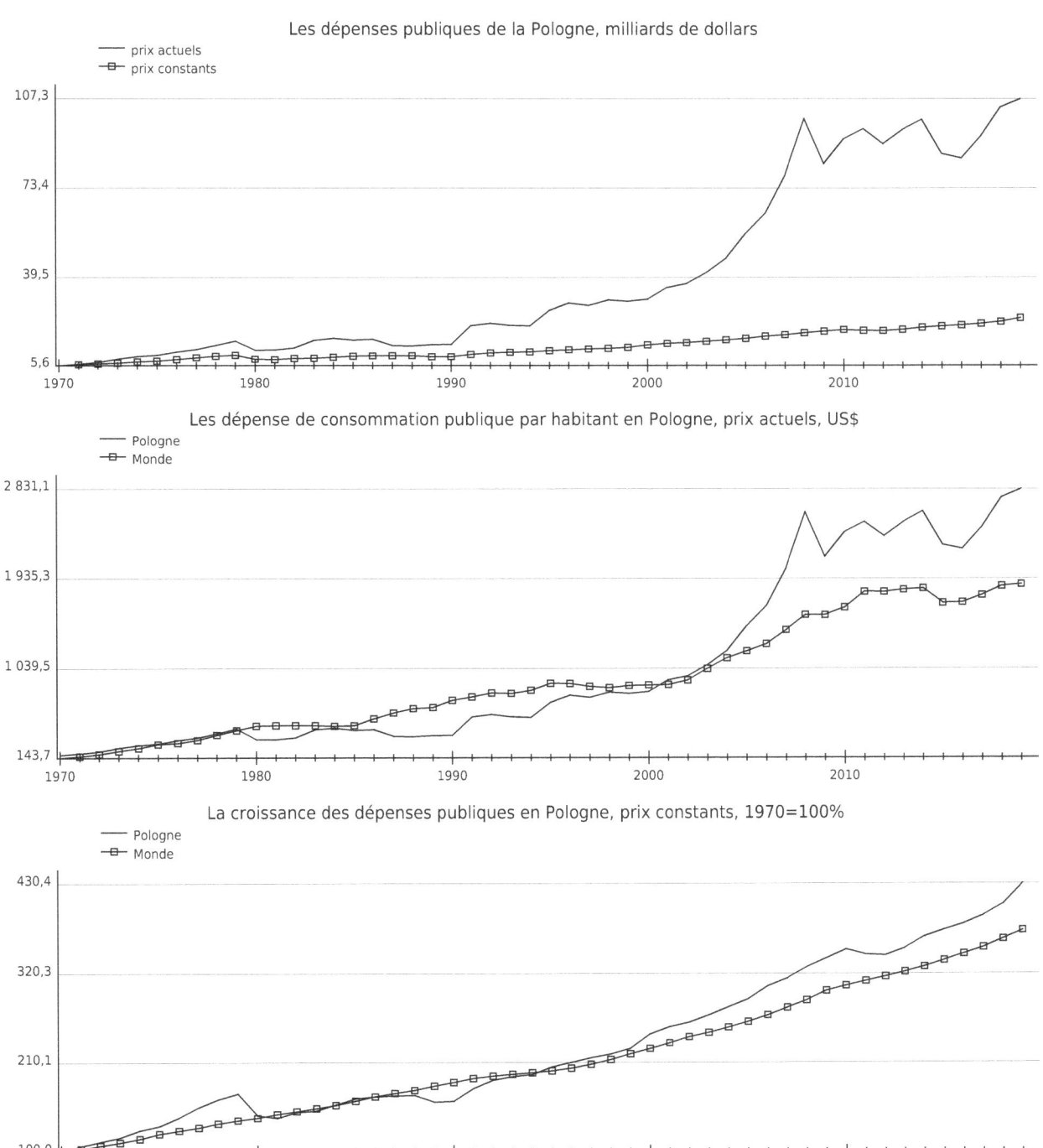

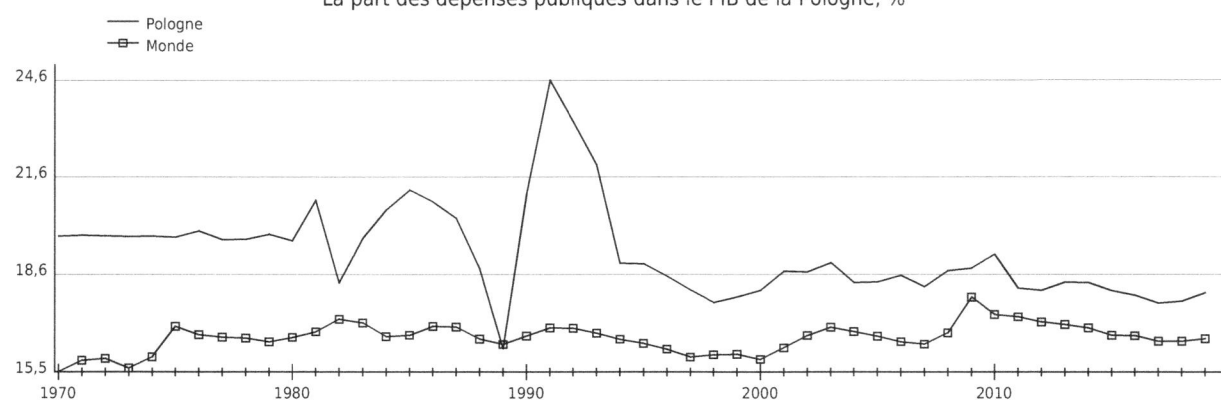

La part des dépenses publiques dans le PIB de la Pologne, %

Les années 1970

Les dépenses publiques de la Pologne étaient de 9,7 milliards de dollars par an dans les années 1970, au 17ème rang mondial à égalité avec l'Asie du Sud-Est (9,8 milliards de dollars). La part dans le monde était de 0,90% et de 2,0% en Europe.

La part des dépenses publiques dans le PIB de la Pologne était de 19,7% dans les années 1970, se situant au 52ème rang mondial, à égalité avec l'Allemagne (19,7%), le Togo (19,8%), le Botswana (19,7%).

Les dépenses publiques par habitant en Pologne étaient de 286 dollars dans les années 1970, se situant au 60ème rang mondial, à égalité avec le Vanuatu (279,8 de dollars). Les dépenses publiques par habitant en Pologne étaient 7,8% supérieures les dépense publique par habitant au Monde (265,2 US$), et 2,4 fois inférieures les dépenses publiques par habitant en Europe (678,9 US$).

La croissance des dépenses publiques en Pologne était de 6.2% dans les années 1970, se situant au 79ème rang mondial, à égalité avec le Qatar (6,2%), l'Irlande (6,2%), la Gambie (6,2%). La croissance des dépenses publiques en Pologne (6,2%) a été supérieure à celle du monde (3,7%), et supérieure à celle de l'Europe (4,5%).

Comparaison avec les voisins. Les dépense publique de la Pologne étaient supérieures à celles de la Tchécoslovaquie (5,4 milliards de dollars); mais inférieures à celles de l'URSS (117,3 milliards de dollars) et de l'Allemagne (95,6 milliards de dollars). Les dépense publique par habitant en Pologne étaient inférieures à celles de l'Allemagne (1 213,7 de dollars), de l'URSS (465,0 de dollars) et de la Tchécoslovaquie (363,6 de dollars). La croissance des dépenses publiques en Pologne était supérieure à celle de l'Allemagne (4,4%); mais inférieure à celle de l'URSS (7,2%) et de la Tchécoslovaquie (7,0%).

Comparaison avec les leaders. Les dépenses publiques de la Pologne étaient inférieures à celles des États-Unis (285,9 milliards de dollars), de l'URSS (117,3 milliards de dollars), de l'Allemagne (95,6 milliards de dollars), du Japon (78,0 milliards de dollars) et de la France (64,5 milliards de dollars). Les dépense publique par habitant en Pologne étaient inférieures à celles des États-Unis (1 310,2 de dollars), de l'Allemagne (1 213,7 de dollars), de la France (1 202,3 de dollars), du Japon (700,2 de dollars) et de l'URSS (465,0 de dollars). La croissance des dépenses publiques en Pologne était supérieure à celle du Japon (5,3%), de la France (5,0%), de l'Allemagne (4,4%) et des États-Unis (0,94%); mais inférieure à celle de l'URSS (7,2%).

Les années 1980

Les dépense de consommation publique de la Pologne étaient de 13,9 milliards de dollars par an dans les années 1980, au 25ème rang mondial à égalité avec la Finlande (13,7 milliards de dollars), l'Afrique du Sud (14,3 milliards de dollars), les Caraïbes (14,3 milliards de dollars). La part dans le monde était de 0,55% et de 1,3% en Europe.

La part des dépenses publiques dans le PIB de la Pologne était de 19,6% dans les années 1980, se classant au 63ème rang mondial, à égalité avec les Caraïbes (19,5%), la Guinée-Bissau (19,7%).

Les dépenses publiques par habitant en Pologne étaient de 378.2 dollars dans les années 1980, se classant au 79ème rang mondial, à égalité avec l'Iran (380,2 de dollars), le Vanuatu (372,7 de dollars). Les dépense publique par habitant en Pologne étaient 27,8% inférieures les dépenses publiques par habitant au Monde (523,5 US$), et 3,7 fois inférieures les dépense de consommation publique par habitant en Europe (1 404,9 US$).

La croissance des dépenses publiques en Pologne était de -0.6% dans les années 1980, au 162ème rang mondial. La croissance des dépenses publiques en Pologne (-0,61%) a été inférieure à celle du monde (2,7%), et inférieure à celle de l'Europe (2,3%).

Chapitre XII. Dépenses publiques

Comparaison avec les voisins. Les dépense publique de la Pologne étaient supérieures à celles de la Tchécoslovaquie (12,3 milliards de dollars); mais inférieures à celles de l'Allemagne (203,7 milliards de dollars) et de l'URSS (181,1 milliards de dollars). Les dépense publique par habitant en Pologne étaient inférieures à celles de l'Allemagne (2 611,1 de dollars), de la Tchécoslovaquie (791,7 de dollars) et de l'URSS (658,0 de dollars). La croissance des dépenses publiques en Pologne était inférieure à celle de l'URSS (5,4%), de la Tchécoslovaquie (4,1%) et de l'Allemagne (0,98%).

Comparaison avec les leaders. Les dépense de consommation publique de la Pologne étaient inférieures à celles des États-Unis (665,3 milliards de dollars), du Japon (257,4 milliards de dollars), de l'Allemagne (203,7 milliards de dollars), de l'URSS (181,1 milliards de dollars) et de la France (159,8 milliards de dollars). Les dépense de consommation publique par habitant en Pologne étaient inférieures à celles de la France (2 826,9 de dollars), des États-Unis (2 778,2 de dollars), de l'Allemagne (2 611,1 de dollars), du Japon (2 122,5 de dollars) et de l'URSS (658,0 de dollars). La croissance des dépenses publiques en Pologne était inférieure à celle de l'URSS (5,4%), du Japon (3,5%), de la France (2,8%), des États-Unis (2,6%) et de l'Allemagne (0,98%).

Les années 1990

Les dépenses publiques de la Pologne étaient de 24,6 milliards de dollars par an dans les années 1990, se situant au 27ème rang mondial à égalité avec la Turquie (24,2 milliards de dollars), d'Israël (24,0 milliards de dollars). La part dans le monde était de 0,52% et de 1,3% en Europe.

La part des dépenses publiques dans le PIB de la Pologne était de 19,5% dans les années 1990, se situant au 62ème rang mondial, à égalité avec le Rwanda (19,5%), l'Europe (19,5%), Bahreïn (19,6%).

Les dépense de consommation publique par habitant en Pologne étaient de 640.8 dollars dans les années 1990, se situant au 80ème rang mondial, à égalité avec l'Estonie (649,9 de dollars), l'Afrique australe (631,1 de dollars), l'Uruguay (653,6 de dollars). Les dépense de consommation publique par habitant en Pologne étaient 22,3% inférieures les dépense de consommation publique par habitant au Monde (824,8 US$), et 4,1 fois inférieures les dépense publique par habitant en Europe (2 620,7 US$).

La croissance des dépenses publiques en Pologne était de 3.5% dans les années 1990, au 68ème rang mondial, à égalité avec l'Angola (3,5%), la Mauritanie (3,5%), la Birmanie (3,5%). La croissance des dépenses publiques en Pologne (3,5%) a été supérieure à celle du monde (2,0%), et supérieure à celle de l'Europe (1,3%).

Comparaison avec les voisins. Les dépense de consommation publique de la Pologne étaient supérieures à celles de l'Ukraine (11,2 milliards de dollars), de la Tchéquie (10,5 milliards de dollars), de la Slovaquie (4,4 milliards de dollars) et de la Biélorussie (3,1 milliards de dollars); mais inférieures à celles de l'Allemagne (419,6 milliards de dollars). Les dépense publique par habitant en Pologne étaient supérieures à celles de la Biélorussie (312,3 de dollars) et de l'Ukraine (220,3 de dollars); mais inférieures à celles de l'Allemagne (5 203,8 de dollars), de la Tchéquie (1 011,2 de dollars) et de la Slovaquie (819,3 de dollars). La croissance des dépenses publiques en Pologne était supérieure à celle de l'Allemagne (2,4%), de la Tchéquie (-1,2%), de la Slovaquie (-1,9%), de la Biélorussie (-3,0%) et de l'Ukraine (-3,8%).

Comparaison avec les leaders. Les dépenses publiques de la Pologne étaient inférieures à celles des États-Unis (1,1 billions de dollars), du Japon (651,8 milliards de dollars), de l'Allemagne (419,6 milliards de dollars), de la France (325,4 milliards de dollars) et du Royaume-Uni (234,6 milliards de dollars). Les dépenses publiques par habitant en Pologne étaient inférieures à celles de la France (5 479,6 de dollars), de l'Allemagne (5 203,8 de dollars), du Japon (5 169,1 de dollars), des États-Unis (4 287,3 de dollars) et du Royaume-Uni (4 053,6 de dollars). La croissance des dépenses publiques en Pologne était supérieure à celle du Japon (3,0%), de l'Allemagne (2,4%), du Royaume-Uni (2,1%), de la France (1,8%) et des États-Unis (1,3%).

Les années 2000

Les dépense publique de la Pologne étaient de 57,2 milliards de dollars par an dans les années 2000, au 24ème rang mondial à égalité avec la Norvège (58,3 milliards de dollars), l'Autriche (58,6 milliards de dollars). La part dans le monde était de 0,73% et de 1,9% en Europe.

La part des dépenses publiques dans le PIB de la Pologne était de 18,5% dans les années 2000, au 63ème rang mondial, à égalité avec les Tonga (18,6%), la Slovénie (18,7%).

Les dépense de consommation publique par habitant en Pologne étaient de 1488.7 dollars dans les années 2000, se classant au 71ème rang mondial, à égalité avec les Îles Marshall (1 474,2 de dollars), la Lituanie (1 509,2 de dollars). Les dépenses publiques par habitant en Pologne étaient 24,0% supérieures les dépenses publiques par habitant au Monde (1 200,9 US$), et 2,8 fois inférieures les dépenses publiques par habitant en Europe (4 171,1 US$).

La croissance des dépenses publiques en Pologne était de 4.1% dans les années 2000, se classant au 92ème rang mondial, à égalité avec le Koweït (4,1%), la république du Congo (4,1%). La croissance des dépenses publiques en Pologne (4,1%) a été supérieure à celle du monde (3,1%), et supérieure à celle de l'Europe (2,1%).

Comparaison avec les voisins. Les dépense publique de la Pologne étaient supérieures à celles de la Tchéquie (27,3 milliards de dollars), de l'Ukraine (15,8 milliards de dollars), de la Slovaquie (9,7 milliards de dollars) et de la Biélorussie (5,6 milliards de dollars); mais inférieures à celles de l'Allemagne (520,1 milliards de dollars). Les dépense de consommation publique par habitant en Pologne étaient supérieures à celles de la Biélorussie (583,1 de dollars) et de l'Ukraine (335,0 de dollars); mais inférieures à celles de l'Allemagne (6 389,7 de dollars), de la Tchéquie (2 644,9 de dollars) et de la Slovaquie (1 791,9 de dollars). La croissance des dépenses publiques en Pologne était supérieure à celle de la Slovaquie (3,5%), de la Tchéquie (2,1%), de l'Ukraine (2,0%), de l'Allemagne (1,4%) et de la Biélorussie (0,96%).

Comparaison avec les leaders. Les dépenses publiques de la Pologne étaient inférieures à celles des États-Unis (1,9 billions de dollars), du Japon (844,2 milliards de dollars), de l'Allemagne (520,1 milliards de dollars), de la France (479,9 milliards de dollars) et du Royaume-Uni (453,4 milliards de dollars). Les dépenses publiques par habitant en Pologne étaient inférieures à celles de la France (7 640,9 de dollars), du Royaume-Uni (7 501,5 de dollars), du Japon (6 586,4 de dollars), des États-Unis (6 545,9 de dollars) et de l'Allemagne (6 389,7 de dollars). La croissance des dépenses publiques en Pologne était supérieure à celle du Royaume-Uni (2,9%), des États-Unis (2,2%), du Japon (1,7%), de la France (1,7%) et de l'Allemagne (1,4%).

Les années 2010

Les dépense publique de la Pologne étaient de 94,8 milliards de dollars par an dans les années 2010, se classant au 22ème rang mondial. La part dans le monde était de 0,72% et de 2,2% en Europe.

La part des dépenses publiques dans le PIB de la Pologne était de 18,1% dans les années 2010, au 81ème rang mondial, à égalité avec le Bhoutan (18,1%), la Lettonie (18,0%), la Russie (18,0%).

Les dépense publique par habitant en Pologne étaient de 2490 dollars dans les années 2010, se situant au 71ème rang mondial, à égalité avec la Guinée équatoriale (2 477,3 de dollars). Les dépense de consommation publique par habitant en Pologne étaient 39,5% supérieures les dépense publique par habitant au Monde (1 785,1 US$), et 2,3 fois inférieures les dépense de consommation publique par habitant en Europe (5 705,5 US$).

La croissance des dépenses publiques en Pologne était de 2.4% dans les années 2010, au 109ème rang mondial, à égalité avec la Nouvelle-Zélande (2,4%), l'Albanie (2,4%). La croissance des dépenses publiques en Pologne (2,4%) a été supérieure à celle du monde (2,3%), et supérieure à celle de l'Europe (0,99%).

Comparaison avec les voisins. Les dépenses publiques de la Pologne étaient 2,2 fois supérieures à celles de la Tchéquie (42,3 milliards de dollars), 3,6 fois supérieures à celles de l'Ukraine (26,2 milliards de dollars), 5,2 fois supérieures à celles de la Slovaquie (18,1 milliards de dollars) et 10,4 fois supérieures à celles de la Biélorussie (9,1 milliards de dollars); mais 7,6 fois inférieures à celles de l'Allemagne (721,6 milliards de dollars). Les dépenses publiques par habitant en Pologne étaient 2,6 fois supérieures à celles de la Biélorussie (967,4 de dollars) et 4,3 fois supérieures à celles de l'Ukraine (582,8 de dollars); mais 3,5 fois inférieures à celles de l'Allemagne (8 815,0 de dollars), 37,5% inférieures à celles de la Tchéquie (3 985,5 de dollars) et 25,3% inférieures à celles de la Slovaquie (3 333,0 de dollars). La croissance des dépenses publiques en Pologne était supérieure à celle de l'Allemagne (1,9%), de la Slovaquie (1,6%), de la Tchéquie (1,1%), de l'Ukraine (0,17%) et de la Biélorussie (-0,56%).

Comparaison avec les leaders. Les dépenses publiques de la Pologne étaient 28,0 fois inférieures à celles des États-Unis (2,7 billions de dollars), 17,7 fois inférieures à celles de la Chine (1,7 billions de dollars), 11,0 fois inférieures à celles du Japon (1,0 billions de dollars), 7,6 fois inférieures à celles de l'Allemagne (721,6 milliards de dollars) et 6,7 fois inférieures à celles de la France (637,9 milliards de dollars). Les dépenses publiques par habitant en Pologne étaient 2,1 fois supérieures à celles de la Chine (1 197,3 de dollars); mais 3,9 fois inférieures à celles de la France (9 617,6 de dollars), 3,5 fois inférieures à celles de l'Allemagne (8 815,0 de dollars), 3,3 fois inférieures à celles des États-Unis (8 304,9 de dollars) et 3,3 fois inférieures à celles du Japon (8 152,8 de dollars). La croissance des dépenses publiques en Pologne était supérieure à celle de l'Allemagne (1,9%), du Japon (1,3%), de la France (1,3%) et des États-Unis (0,0052%); mais inférieure à celle de la Chine (8,3%).

Chapitre XIII. Dépenses ménagères

Dépenses de consommation des ménages

Les dépenses ménagères de la Pologne sont passés de 30,8 milliards de dollars par an dans les années 1970 à 312,1 milliards de dollars par an dans les années 2010, c'est-à-dire 281,3 milliards de dollars ou de 10,1 fois. La variation a été de 226,0 milliards de dollars en raison de l'augmentation de 3,6 fois des prix, et de 51,5 milliards de dollars en raison de la croissance du taux par habitant de 2,5 fois, et de 3,8 milliards de dollars en raison de la croissance démographique. La croissance annuelle moyenne des dépenses ménagères était de 3,0%. La valeur minimale était de 17,8 milliards de dollars en 1970. La valeur maximale était de 343,3 milliards de dollars en 2018.

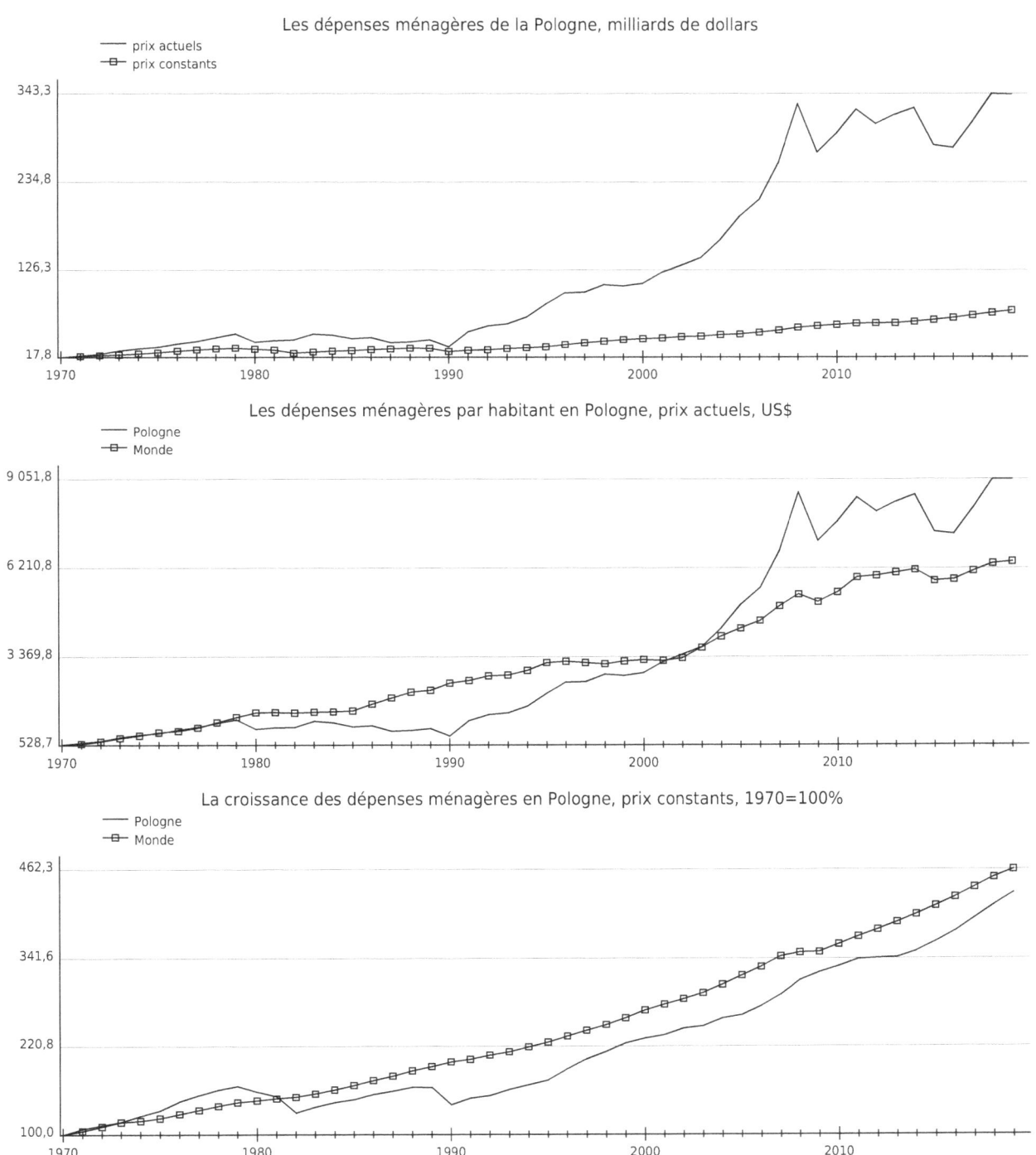

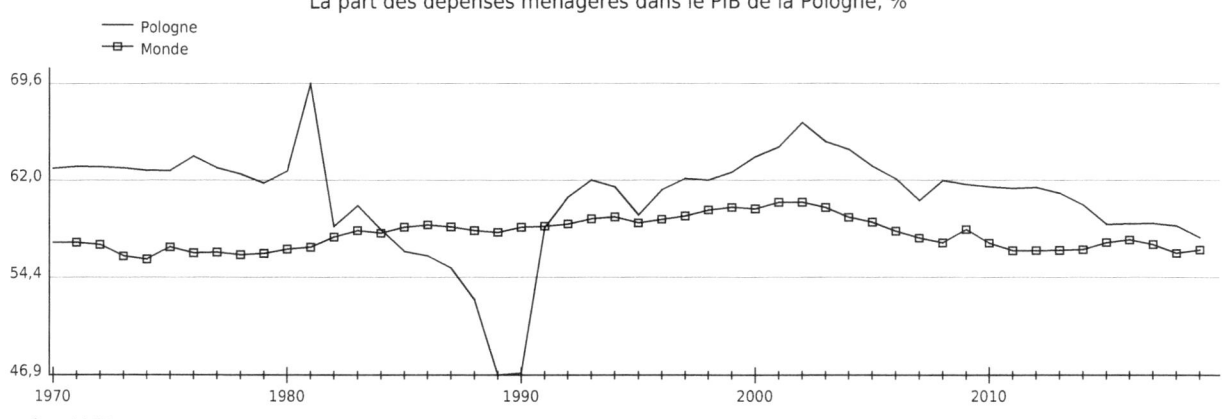

La part des dépenses ménagères dans le PIB de la Pologne, %

Les années 1970

Les dépenses ménagères de la Pologne étaient de 30,8 milliards de dollars par an dans les années 1970, au 21ème rang mondial à égalité avec l'Afrique du Nord (31,5 milliards de dollars). La part dans le monde était de 0,83% et de 2,1% en Europe.

La part des dépenses ménagères dans le PIB de la Pologne était de 62,8% dans les années 1970, au 100ème rang mondial, à égalité avec la Namibie (62,8%), la Mauritanie (62,8%), Hong Kong (62,9%).

Les dépenses ménagères par habitant en Pologne étaient de 909.5 dollars dans les années 1970, se classant au 64ème rang mondial, à égalité avec la Tchécoslovaquie (909,5 de dollars), le Monde (914,8 de dollars), l'Asie de l'Ouest (917,3 de dollars). Les dépenses ménagères par habitant en Pologne étaient 0,59% inférieures les dépenses ménagères par habitant au Monde (914,8 US$), et 2,2 fois inférieures les dépenses ménagères par habitant en Europe (2 041,4 US$).

La croissance des dépenses ménagères en Pologne était de 5.8% dans les années 1970, au 58ème rang mondial, à égalité avec la Grèce (5,8%). La croissance des dépenses ménagères en Pologne (5,8%) a été supérieure à celle du monde (4,1%), et supérieure à celle de l'Europe (3,7%).

Comparaison avec les voisins. Les dépenses ménagères de la Pologne étaient supérieures à celles de la Tchécoslovaquie (13,4 milliards de dollars); mais inférieures à celles de l'URSS (310,6 milliards de dollars) et de l'Allemagne (277,8 milliards de dollars). Les dépenses ménagères par habitant en Pologne étaient inférieures à celles de l'Allemagne (3 527,2 de dollars), de l'URSS (1 231,6 de dollars) et de la Tchécoslovaquie (909,5 de dollars). La croissance des dépenses ménagères en Pologne était supérieure à celle de la Tchécoslovaquie (4,9%), de l'URSS (4,7%) et de l'Allemagne (3,6%).

Comparaison avec les leaders. Les dépenses ménagères de la Pologne étaient inférieures à celles des États-Unis (1,0 billions de dollars), de l'URSS (310,6 milliards de dollars), du Japon (280,9 milliards de dollars), de l'Allemagne (277,8 milliards de dollars) et de la France (180,7 milliards de dollars). Les dépenses ménagères par habitant en Pologne étaient inférieures à celles des États-Unis (4 744,5 de dollars), de l'Allemagne (3 527,2 de dollars), de la France (3 371,0 de dollars), du Japon (2 523,0 de dollars) et de l'URSS (1 231,6 de dollars). La croissance des dépenses ménagères en Pologne était supérieure à celle du Japon (5,1%), de l'URSS (4,7%), de la France (4,0%), des États-Unis (3,6%) et de l'Allemagne (3,6%).

Les années 1980

Les dépenses ménagères de la Pologne étaient de 40,7 milliards de dollars par an dans les années 1980, se situant au 29ème rang mondial. La part dans le monde était de 0,47% et de 1,3% en Europe.

La part des dépenses ménagères dans le PIB de la Pologne était de 57,1% dans les années 1980, au 126ème rang mondial, à égalité avec l'Autriche (57,0%), la Thaïlande (57,3%), la Mongolie (56,8%).

Les dépenses ménagères par habitant en Pologne étaient de 1103.6 dollars dans les années 1980, au 91ème rang mondial, à égalité avec la Grenade (1 088,7 de dollars). Les dépenses ménagères par habitant en Pologne étaient 39,0% inférieures les dépenses ménagères par habitant au Monde (1 808,0 US$), et 3,6 fois inférieures les dépenses ménagères par habitant en Europe (3 991,1 US$).

La croissance des dépenses ménagères en Pologne était de -0.1% dans les années 1980, se classant au 166ème rang mondial. La croissance des dépenses ménagères en Pologne (-0,10%) a été inférieure à celle du monde (3,0%), et inférieure à celle de l'Europe (2,3%).

Chapitre XIII. Dépenses ménagères

Comparaison avec les voisins. Les dépenses ménagères de la Pologne étaient supérieures à celles de la Tchécoslovaquie (24,8 milliards de dollars); mais inférieures à celles de l'Allemagne (575,7 milliards de dollars) et de l'URSS (424,6 milliards de dollars). Les dépenses ménagères par habitant en Pologne étaient inférieures à celles de l'Allemagne (7 378,3 de dollars), de la Tchécoslovaquie (1 604,1 de dollars) et de l'URSS (1 542,8 de dollars). La croissance des dépenses ménagères en Pologne était inférieure à celle de l'URSS (3,0%), de l'Allemagne (1,8%) et de la Tchécoslovaquie (1,8%).

Comparaison avec les leaders. Les dépenses ménagères de la Pologne étaient inférieures à celles des États-Unis (2,6 billions de dollars), du Japon (945,6 milliards de dollars), de l'Allemagne (575,7 milliards de dollars), de l'URSS (424,6 milliards de dollars) et du Royaume-Uni (416,5 milliards de dollars). Les dépenses ménagères par habitant en Pologne étaient inférieures à celles des États-Unis (10 904,4 de dollars), du Japon (7 796,6 de dollars), de l'Allemagne (7 378,3 de dollars), du Royaume-Uni (7 376,3 de dollars) et de l'URSS (1 542,8 de dollars). La croissance des dépenses ménagères en Pologne était inférieure à celle du Japon (3,7%), du Royaume-Uni (3,5%), des États-Unis (3,2%), de l'URSS (3,0%) et de l'Allemagne (1,8%).

Les années 1990

Les dépenses ménagères de la Pologne étaient de 76,3 milliards de dollars par an dans les années 1990, au 28ème rang mondial. La part dans le monde était de 0,45% et de 1,4% en Europe.

La part des dépenses ménagères dans le PIB de la Pologne était de 60,5% dans les années 1990, au 124ème rang mondial, à égalité avec Chypre (60,5%), l'Europe du Nord (60,5%), les Bahamas (60,5%).

Les dépenses ménagères par habitant en Pologne étaient de 1987.8 dollars dans les années 1990, se situant au 80ème rang mondial, à égalité avec le Panama (1 980,4 de dollars), l'Afrique australe (1 953,8 de dollars). Les dépenses ménagères par habitant en Pologne étaient 32,9% inférieures les dépenses ménagères par habitant au Monde (2 963,9 US$), et 3,9 fois inférieures les dépenses ménagères par habitant en Europe (7 702,2 US$).

La croissance des dépenses ménagères en Pologne était de 3.2% dans les années 1990, au 90ème rang mondial, à égalité avec le Kenya (3,2%), l'Irak (3,2%), les Bahamas (3,2%). La croissance des dépenses ménagères en Pologne (3,2%) a été supérieure à celle du monde (3,0%), et supérieure à celle de l'Europe (1,8%).

Comparaison avec les voisins. Les dépenses ménagères de la Pologne étaient supérieures à celles de l'Ukraine (33,4 milliards de dollars), de la Tchéquie (25,7 milliards de dollars), de la Slovaquie (9,6 milliards de dollars) et de la Biélorussie (9,0 milliards de dollars); mais inférieures à celles de l'Allemagne (1,2 billions de dollars). Les dépenses ménagères par habitant en Pologne étaient supérieures à celles de la Slovaquie (1 788,9 de dollars), de la Biélorussie (898,2 de dollars) et de l'Ukraine (657,1 de dollars); mais inférieures à celles de l'Allemagne (15 158,9 de dollars) et de la Tchéquie (2 486,2 de dollars). La croissance des dépenses ménagères en Pologne était supérieure à celle de l'Allemagne (2,1%), de la Tchéquie (0,77%), de la Biélorussie (-0,89%), de la Slovaquie (-1,1%) et de l'Ukraine (-7,8%).

Comparaison avec les leaders. Les dépenses ménagères de la Pologne étaient inférieures à celles des États-Unis (4,9 billions de dollars), du Japon (2,3 billions de dollars), de l'Allemagne (1,2 billions de dollars), du Royaume-Uni (884,5 milliards de dollars) et de la France (783,0 milliards de dollars). Les dépenses ménagères par habitant en Pologne étaient inférieures à celles des États-Unis (18 538,8 de dollars), du Japon (18 170,3 de dollars), du Royaume-Uni (15 280,6 de dollars), de l'Allemagne (15 158,9 de dollars) et de la France (13 185,2 de dollars). La croissance des dépenses ménagères en Pologne était supérieure à celle du Royaume-Uni (2,8%), de l'Allemagne (2,1%), du Japon (1,8%) et de la France (1,8%); mais inférieure à celle des États-Unis (3,4%).

Les années 2000

Les dépenses ménagères de la Pologne étaient de 194,0 milliards de dollars par an dans les années 2000, au 20ème rang mondial. La part dans le monde était de 0,71% et de 2,2% en Europe.

La part des dépenses ménagères dans le PIB de la Pologne était de 62,8% dans les années 2000, au 115ème rang mondial, à égalité avec la Turquie (62,9%), Chypre (62,9%), l'Indonésie (62,6%).

Les dépenses ménagères par habitant en Pologne étaient de 5048.8 dollars dans les années 2000, au 66ème rang mondial, à égalité avec la Lituanie (5 046,9 de dollars), les Seychelles (5 009,4 de dollars), Sainte-Lucie (5 150,2 de dollars). Les dépenses ménagères par habitant en Pologne étaient 20,0% supérieures les dépenses ménagères par habitant au Monde (4 208,2 US$), et 2,4 fois inférieures les dépenses ménagères par habitant en Europe (11 901,2 US$).

La croissance des dépenses ménagères en Pologne était de 3.7% dans les années 2000, se classant au 113ème rang mondial, à égalité avec Trinité-et-Tobago (3,6%), la Bosnie-Herzégovine (3,7%), le Brésil (3,7%). La croissance des dépenses ménagères en Pologne (3,7%) a été supérieure à celle du monde (3,0%), et supérieure à celle de l'Europe (2,0%).

Comparaison avec les voisins. Les dépenses ménagères de la Pologne étaient supérieures à celles de la Tchéquie (65,4 milliards de dollars), de l'Ukraine (54,2 milliards de dollars), de la Slovaquie (28,7 milliards de dollars) et de la Biélorussie (17,0 milliards de dollars); mais inférieures à celles de l'Allemagne (1,5 billions de dollars). Les dépenses ménagères par habitant en Pologne étaient supérieures à celles de la Biélorussie (1 763,2 de dollars) et de l'Ukraine (1 148,9 de dollars); mais inférieures à celles de l'Allemagne (18 912,2 de dollars), de la Tchéquie (6 339,2 de dollars) et de la Slovaquie (5 314,9 de dollars). La croissance des dépenses ménagères en Pologne était supérieure à celle de la Tchéquie (3,0%) et de l'Allemagne (0,46%); mais inférieure à celle de la Biélorussie (10,8%), de l'Ukraine (8,5%) et de la Slovaquie (4,7%).

Comparaison avec les leaders. Les dépenses ménagères de la Pologne étaient inférieures à celles des États-Unis (8,5 billions de dollars), du Japon (2,6 billions de dollars), de l'Allemagne (1,5 billions de dollars), du Royaume-Uni (1,5 billions de dollars) et de la France (1,1 billions de dollars). Les dépenses ménagères par habitant en Pologne étaient inférieures à celles des États-Unis (28 799,1 de dollars), du Royaume-Uni (24 959,3 de dollars), du Japon (20 355,9 de dollars), de l'Allemagne (18 912,2 de dollars) et de la France (18 146,8 de dollars). La croissance des dépenses ménagères en Pologne était supérieure à celle des États-Unis (2,4%), du Royaume-Uni (2,1%), de la France (2,0%), du Japon (0,81%) et de l'Allemagne (0,46%).

Les années 2010

Les dépenses ménagères de la Pologne étaient de 312,1 milliards de dollars par an dans les années 2010, au 22ème rang mondial. La part dans le monde était de 0,71% et de 2,7% en Europe.

La part des dépenses ménagères dans le PIB de la Pologne était de 59,7% dans les années 2010, se classant au 133ème rang mondial, à égalité avec la Papouasie-Nouvelle-Guinée (59,7%), la Syrie (59,8%), la Croatie (59,8%).

Les dépenses ménagères par habitant en Pologne étaient de 8193.7 dollars dans les années 2010, se situant au 69ème rang mondial, à égalité avec la Croatie (8 076,7 de dollars), les Seychelles (8 040,7 de dollars). Les dépenses ménagères par habitant en Pologne étaient 36,1% supérieures les dépenses ménagères par habitant au Monde (6 018,5 US$), et 47,5% inférieures les dépenses ménagères par habitant en Europe (15 614,2 US$).

La croissance des dépenses ménagères en Pologne était de 2.9% dans les années 2010, au 104ème rang mondial, à égalité avec le Burundi (2,9%). La croissance des dépenses ménagères en Pologne (2,9%) a été supérieure à celle du monde (2,8%), et supérieure à celle de l'Europe (1,3%).

Comparaison avec les voisins. Les dépenses ménagères de la Pologne étaient 3,0 fois supérieures à celles de la Tchéquie (104,7 milliards de dollars), 3,3 fois supérieures à celles de l'Ukraine (94,9 milliards de dollars), 5,8 fois supérieures à celles de la Slovaquie (53,9 milliards de dollars) et 9,6 fois supérieures à celles de la Biélorussie (32,6 milliards de dollars); mais 6,3 fois inférieures à celles de l'Allemagne (2,0 billions de dollars). Les dépenses ménagères par habitant en Pologne étaient 2,4 fois supérieures à celles de la Biélorussie (3 459,3 de dollars) et 3,9 fois supérieures à celles de l'Ukraine (2 111,1 de dollars); mais 2,9 fois inférieures à celles de l'Allemagne (23 925,0 de dollars), 17,5% inférieures à celles de la Slovaquie (9 932,1 de dollars) et 17,0% inférieures à celles de la Tchéquie (9 868,6 de dollars). La croissance des dépenses ménagères en Pologne était supérieure à celle de la Tchéquie (2,1%), de la Slovaquie (1,7%) et de l'Allemagne (1,4%); mais inférieure à celle de la Biélorussie (4,7%) et de l'Ukraine (3,2%).

Comparaison avec les leaders. Les dépenses ménagères de la Pologne étaient 39,1 fois inférieures à celles des États-Unis (12,2 billions de dollars), 12,6 fois inférieures à celles de la Chine (3,9 billions de dollars), 9,6 fois inférieures à celles du Japon (3,0 billions de dollars), 6,3 fois inférieures à celles de l'Allemagne (2,0 billions de dollars) et 5,7 fois inférieures à celles du Royaume-Uni (1,8 billions de dollars). Les dépenses ménagères par habitant en Pologne étaient 2,9 fois supérieures à celles de la Chine (2 801,9 de dollars); mais 4,7 fois inférieures à celles des États-Unis (38 161,2 de dollars), 3,3 fois inférieures à celles du Royaume-Uni (27 164,8 de dollars), 2,9 fois inférieures à celles de l'Allemagne (23 925,0 de dollars) et 2,9 fois inférieures à celles du Japon (23 352,2 de dollars). La croissance des dépenses ménagères en Pologne était supérieure à celle des États-Unis (2,4%), du Royaume-Uni (1,8%), de l'Allemagne (1,4%) et du Japon (0,64%); mais inférieure à celle de la Chine (8,3%).

Chapitre XIV. Consommation de nourriture

Au cours de la période de recherche, la consommation alimentaire des produits suivants a augmenté: noix (de 11,6 fois), épices (de 2,7 fois), alcool (de 2,2 fois), huiles végétales (de 2,1 fois), fruits (de 62,5%), stimulants (de 61,7%), légumes (de 14,1%), viande (de 12,7%), légumineuses (de 10,6%), mais diminué pour les produits suivants: sucre (de 1,8%), céréales (de 20,4%), œufs (de 29,0%), poisson (de 30,6%), lait (de 36,2%), racines riches (de 59,9%).

Voici les coefficients de corrélation entre le RNB par habitant à prix constants et la consommation alimentaire: noix (0.983), épices (0.981), alcool (0.97), fruits (0.944), viande (0.915), huiles végétales (0.874), stimulants (0.504), légumes (0.303), légumineuses (-0.164), sucre (-0.3), poisson (-0.588), œufs (-0.651), céréales (-0.695), lait (-0.713), racines riches (-0.889).

Les années 1970

La consommation de kcal en Pologne était de 3 521,7 kcal/jour par habitant dans les années 1970, se situant au 2ème rang mondial à égalité avec la Bulgarie (3 510,0 kcal/jour par habitant), la Yougoslavie (3 547,3 kcal/jour par habitant), l'Irlande (3 489,0 kcal/jour par habitant). La consommation de kcal en Pologne était supérieur à celui dans le monde (2 403,2 kcal/jour par habitant), et était supérieur à celui en Europe (3 283,8 kcal/jour par habitant). La consommation de kcal avait la structure suivante: céréales (34.1%), sucre (12.4%), lait (10.6%), viande (9.4%), racines riches (9.2%), et d'autres (24.3%).

La consommation de protéines en Pologne était de 109,0 g/jour par habitant dans les années 1970, se classant au 2ème rang mondial à égalité avec l'Irlande (108,9 g/jour par habitant), l'Australie (108,2 g/jour par habitant). La consommation de protéines en Pologne était supérieur à celui dans le monde (65,0 g/jour par habitant), et était supérieur à celui en Europe (98,6 g/jour par habitant). La consommation de protéines avait la structure suivante: céréales (32.6%), lait (22.5%), viande (22.3%), racines riches (7.1%), poisson (4.7%), et d'autres (10.8%).

La consommation de graisse en Pologne était de 113,3 g/jour par habitant dans les années 1970, au 20ème rang mondial à égalité avec l'Australie (112,8 g/jour par habitant). La consommation de graisse en Pologne était supérieur à celui dans le monde (55,1 g/jour par habitant), et était supérieur à celui en Europe (109,6 g/jour par habitant). La consommation de graisse avait la structure suivante: viande (22.1%), lait (18.5%), huiles végétales (15.2%), céréales (3.7%), œufs (2.7%), et d'autres (37.8%).

Voici les niveaux de consommation alimentaire dans le classement mondial: 8ème - lait (270,6 kg/habitant/an), 16ème - céréales (182,0 kg/habitant/an), 18ème - racines riches (177,0 kg/habitant/an), 21ème - œufs (11,5 kg/habitant/an), 24ème - légumes (103,1 kg/habitant/an), 25ème - sucre (44,8 kg/habitant/an), 43ème - alcool (51,5 kg/habitant/an), 62ème - stimulants (2,2 kg/habitant/an), 63ème - poisson (13,4 kg/habitant/an), 82ème - huiles végétales (6,3 kg/habitant/an), 92ème - noix (0,14 kg/habitant/an), 107ème - épices (0,13 kg/habitant/an), 109ème - fruits (34,5 kg/habitant/an), 122ème - légumineuses (1,8 kg/habitant/an).

Les années 1980

La consommation de kcal en Pologne était de 3 411,8 kcal/jour par habitant dans les années 1980, se classant au 12ème rang mondial à égalité avec l'Autriche (3 394,7 kcal/jour par habitant), l'Europe de l'Ouest (3 386,1 kcal/jour par habitant), la Grèce (3 443,6 kcal/jour par habitant). La consommation de kcal en Pologne était supérieur à celui dans le monde (2 572,3 kcal/jour par habitant), et était supérieur à celui en Europe (3 346,9 kcal/jour par habitant). La consommation de kcal avait la structure suivante: céréales (33.8%), sucre (13.3%), lait (9.8%), viande (9.7%), racines riches (8%), et d'autres (25.4%).

La consommation de protéines en Pologne était de 103,7 g/jour par habitant dans les années 1980, se classant au 15ème rang mondial à égalité avec la Yougoslavie (103,9 g/jour par habitant), l'Europe de l'Ouest (103,4 g/jour par habitant), l'Est (104,0 g/jour par habitant). La consommation de protéines en Pologne était supérieur à celui dans le monde (69,1 g/jour par habitant), et était supérieur à celui en Europe (102,3 g/jour par habitant). La consommation de protéines avait la structure suivante: céréales (33.2%), viande (23.9%), lait (19.8%), racines riches (6.3%), poisson (5%), et d'autres (11.8%).

La consommation de graisse en Pologne était de 113,0 g/jour par habitant dans les années 1980, se situant au 27ème rang mondial à égalité avec d'Israël (114,0 g/jour par habitant). La consommation de graisse en Pologne était supérieur à celui dans le monde (63,2 g/jour par habitant), et était inférieur à celui en Europe (119,5 g/jour par habitant). La consommation de graisse avait la structure suivante: viande (21.9%), lait (17.6%), huiles végétales (16.7%), céréales (3.6%), œufs (2.8%), et d'autres (37.4%).

Voici les niveaux de consommation alimentaire dans le classement mondial: 11ème - lait (249,7 kg/habitant/an), 19ème - racines riches

(148,7 kg/habitant/an), 20ème - sucre (46,6 kg/habitant/an), 24ème - légumes (113,6 kg/habitant/an), 29ème - viande (67,7 kg/habitant/an), 30ème - œufs (11,6 kg/habitant/an), 45ème - alcool (46,9 kg/habitant/an), 55ème - stimulants (2,5 kg/habitant/an), 68ème - poisson (13,1 kg/habitant/an), 95ème - huiles végétales (6,8 kg/habitant/an), 116ème - fruits (33,5 kg/habitant/an), 118ème - noix (0,024 kg/habitant/an), 119ème - légumineuses (2,2 kg/habitant/an), 121ème - épices (0,098 kg/habitant/an).

Les années 1990

La consommation de kcal en Pologne était de 3 345,9 kcal/jour par habitant dans les années 1990, se situant au 11ème rang mondial à égalité avec la Suisse (3 352,1 kcal/jour par habitant), l'Espagne (3 323,1 kcal/jour par habitant), l'Europe du Sud (3 371,0 kcal/jour par habitant). La consommation de kcal en Pologne était supérieur à celui dans le monde (2 652,6 kcal/jour par habitant), et était supérieur à celui en Europe (3 214,0 kcal/jour par habitant). La consommation de kcal avait la structure suivante: céréales (34.7%), sucre (12.5%), viande (10.6%), lait (8.5%), huiles végétales (7.7%), et d'autres (26%).

La consommation de protéines en Pologne était de 99,7 g/jour par habitant dans les années 1990, se classant au 18ème rang mondial à égalité avec l'Argentine (99,6 g/jour par habitant), le Canada (99,1 g/jour par habitant). La consommation de protéines en Pologne était supérieur à celui dans le monde (72,1 g/jour par habitant), et était supérieur à celui en Europe (97,9 g/jour par habitant). La consommation de protéines avait la structure suivante: céréales (35%), viande (25.2%), lait (16.9%), racines riches (6.1%), poisson (4.1%), et d'autres (12.7%).

La consommation de graisse en Pologne était de 112,0 g/jour par habitant dans les années 1990, se classant au 27ème rang mondial à égalité avec l'Argentine (111,7 g/jour par habitant). La consommation de graisse en Pologne était supérieur à celui dans le monde (69,0 g/jour par habitant), et était inférieur à celui en Europe (119,3 g/jour par habitant). La consommation de graisse avait la structure suivante: huiles végétales (26%), viande (24.3%), lait (15.6%), céréales (3.6%), œufs (2.3%), et d'autres (28.2%).

Voici les niveaux de consommation alimentaire dans le classement mondial: 22ème - racines riches (138,7 kg/habitant/an), 25ème - lait (206,5 kg/habitant/an), 35ème - viande (71,7 kg/habitant/an), 37ème - sucre (42,9 kg/habitant/an), 42ème - alcool (57,9 kg/habitant/an), 43ème - œufs (9,6 kg/habitant/an), 44ème - stimulants (4,0 kg/habitant/an), 51ème - céréales (151,3 kg/habitant/an), 64ème - huiles végétales (10,5 kg/habitant/an), 93ème - poisson (9,6 kg/habitant/an), 111ème - noix (0,31 kg/habitant/an), 118ème - fruits (42,5 kg/habitant/an), 124ème - légumineuses (2,3 kg/habitant/an), 133ème - épices (0,12 kg/habitant/an).

Les années 2000

La consommation de kcal en Pologne était de 3 392,1 kcal/jour par habitant dans les années 2000, au 20ème rang mondial à égalité avec la Lituanie (3 383,8 kcal/jour par habitant), l'Égypte (3 403,1 kcal/jour par habitant), l'Europe du Sud (3 375,0 kcal/jour par habitant). La consommation de kcal en Pologne était supérieur à celui dans le monde (2 765,9 kcal/jour par habitant), et était supérieur à celui en Europe (3 316,3 kcal/jour par habitant). La consommation de kcal avait la structure suivante: céréales (34.9%), sucre (12.7%), viande (10.7%), huiles végétales (8.7%), racines riches (6.9%), et d'autres (26.1%).

La consommation de protéines en Pologne était de 99,6 g/jour par habitant dans les années 2000, se classant au 29ème rang mondial à égalité avec la Slovénie (99,8 g/jour par habitant), la Belgique (99,2 g/jour par habitant), l'Océanie (100,0 g/jour par habitant). La consommation de protéines en Pologne était supérieur à celui dans le monde (76,5 g/jour par habitant), et était inférieur à celui en Europe (100,0 g/jour par habitant). La consommation de protéines avait la structure suivante: céréales (35.7%), viande (26%), lait (13.8%), racines riches (5.6%), poisson (5%), et d'autres (13.9%).

La consommation de graisse en Pologne était de 113,8 g/jour par habitant dans les années 2000, au 35ème rang mondial à égalité avec les Amériques (113,5 g/jour par habitant), la Lettonie (114,6 g/jour par habitant), la Nouvelle-Calédonie (114,7 g/jour par habitant). La consommation de graisse en Pologne était supérieur à celui dans le monde (76,9 g/jour par habitant), et était inférieur à celui en Europe (123,9 g/jour par habitant). La consommation de graisse avait la structure suivante: huiles végétales (29.2%), viande (24.5%), lait (12.9%), céréales (3.7%), œufs (2.7%), et d'autres (27%).

Voici les niveaux de consommation alimentaire dans le classement mondial: 24ème - alcool (95,0 kg/habitant/an), 26ème - racines riches (127,1 kg/habitant/an), 31ème - œufs (11,4 kg/habitant/an), 36ème - sucre (44,4 kg/habitant/an), 37ème - lait (179,7 kg/habitant/an), 41ème - viande (73,6 kg/habitant/an), 48ème - céréales (151,5 kg/habitant/an), 56ème - stimulants (4,7 kg/habitant/an), 67ème - huiles végétales (12,1 kg/habitant/an), 91ème - noix (1,1 kg/habitant/an), 102ème - poisson (10,0 kg/habitant/an), 125ème - épices (0,23 kg/habitant/an), 127ème - fruits (50,6 kg/habitant/an), 134ème - légumineuses (1,9 kg/habitant/an).

Chapitre XIV. Consommation de nourriture

Les années 2010

La consommation de kcal en Pologne était de 3 437,5 kcal/jour par habitant dans les années 2010, au 17ème rang mondial à égalité avec la Suisse (3 428,0 kcal/jour par habitant), le Monténégro (3 452,3 kcal/jour par habitant), la Grèce (3 418,3 kcal/jour par habitant). La consommation de kcal en Pologne était supérieur à celui dans le monde (2 869,3 kcal/jour par habitant), et était supérieur à celui en Europe (3 363,0 kcal/jour par habitant). La consommation de kcal avait la structure suivante: céréales (34.5%), sucre (12.4%), viande (11.1%), huiles végétales (9.3%), lait (6.9%), et d'autres (25.8%).

La consommation de protéines en Pologne était de 101,6 g/jour par habitant dans les années 2010, au 32ème rang mondial à égalité avec les Émirats arabes unis (101,2 g/jour par habitant), l'Europe (102,1 g/jour par habitant), l'Allemagne (102,1 g/jour par habitant). La consommation de protéines en Pologne était supérieur à celui dans le monde (80,6 g/jour par habitant), et était inférieur à celui en Europe (102,1 g/jour par habitant). La consommation de protéines avait la structure suivante: céréales (35%), viande (27.2%), lait (14.8%), poisson (5.2%), racines riches (4.8%), et d'autres (13%).

La consommation de graisse en Pologne était de 118,2 g/jour par habitant dans les années 2010, au 36ème rang mondial à égalité avec les Amériques (118,2 g/jour par habitant), la Turquie (118,5 g/jour par habitant), la Nouvelle-Zélande (117,8 g/jour par habitant). La consommation de graisse en Pologne était supérieur à celui dans le monde (82,4 g/jour par habitant), et était inférieur à celui en Europe (128,7 g/jour par habitant). La consommation de graisse avait la structure suivante: huiles végétales (30.6%), viande (24.7%), lait (13.7%), céréales (3.7%), œufs (2%), et d'autres (25.3%).

Voici les niveaux de consommation alimentaire dans le classement mondial: 9ème - alcool (111,4 kg/habitant/an), 31ème - lait (198,6 kg/habitant/an), 33ème - racines riches (110,7 kg/habitant/an), 40ème - légumes (117,6 kg/habitant/an), 44ème - céréales (151,2 kg/habitant/an), 45ème - viande (75,6 kg/habitant/an), 59ème - œufs (8,9 kg/habitant/an), 61ème - huiles végétales (13,1 kg/habitant/an), 79ème - stimulants (3,5 kg/habitant/an), 81ème - noix (1,7 kg/habitant/an), 106ème - poisson (10,3 kg/habitant/an), 113ème - épices (0,34 kg/habitant/an), 122ème - fruits (56,0 kg/habitant/an), 130ème - légumineuses (2,0 kg/habitant/an).

Partie V. Reproduction

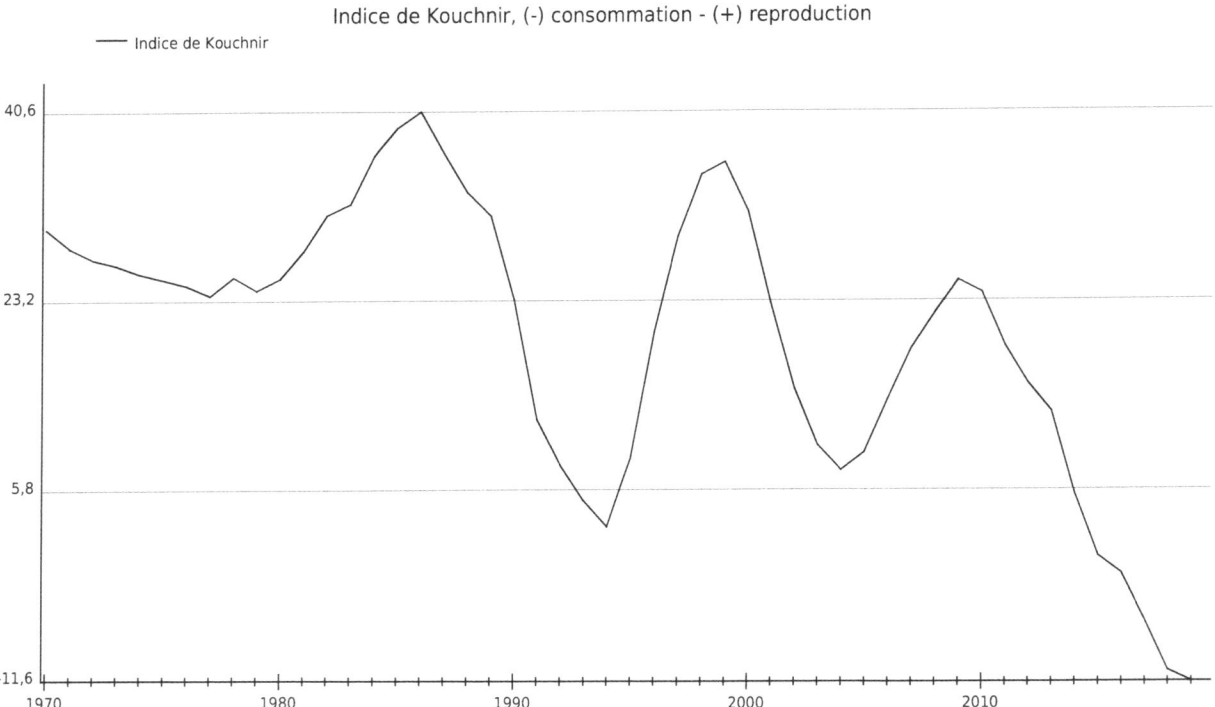

Chapitre XV. Formation de capital fixe

Formation brute de capital fixe

La formation de capital fixe de la Pologne est passé de 10,6 milliards de dollars par an dans les années 1970 à 100,2 milliards de dollars par an dans les années 2010, c'est-à-dire 89,6 milliards de dollars ou de 9,4 fois. La variation a été de 52,3 milliards de dollars en raison de l'augmentation de 2,1 fois des prix, et de 36,0 milliards de dollars en raison de la croissance du taux par habitant de 4,0 fois, et de 1,3 milliards de dollars en raison de la croissance démographique. La croissance annuelle moyenne de la formation brute de capital fixe était de 4,1%. La valeur minimale était de 6,2 milliards de dollars en 1970. La valeur maximale était de 123,3 milliards de dollars en 2008.

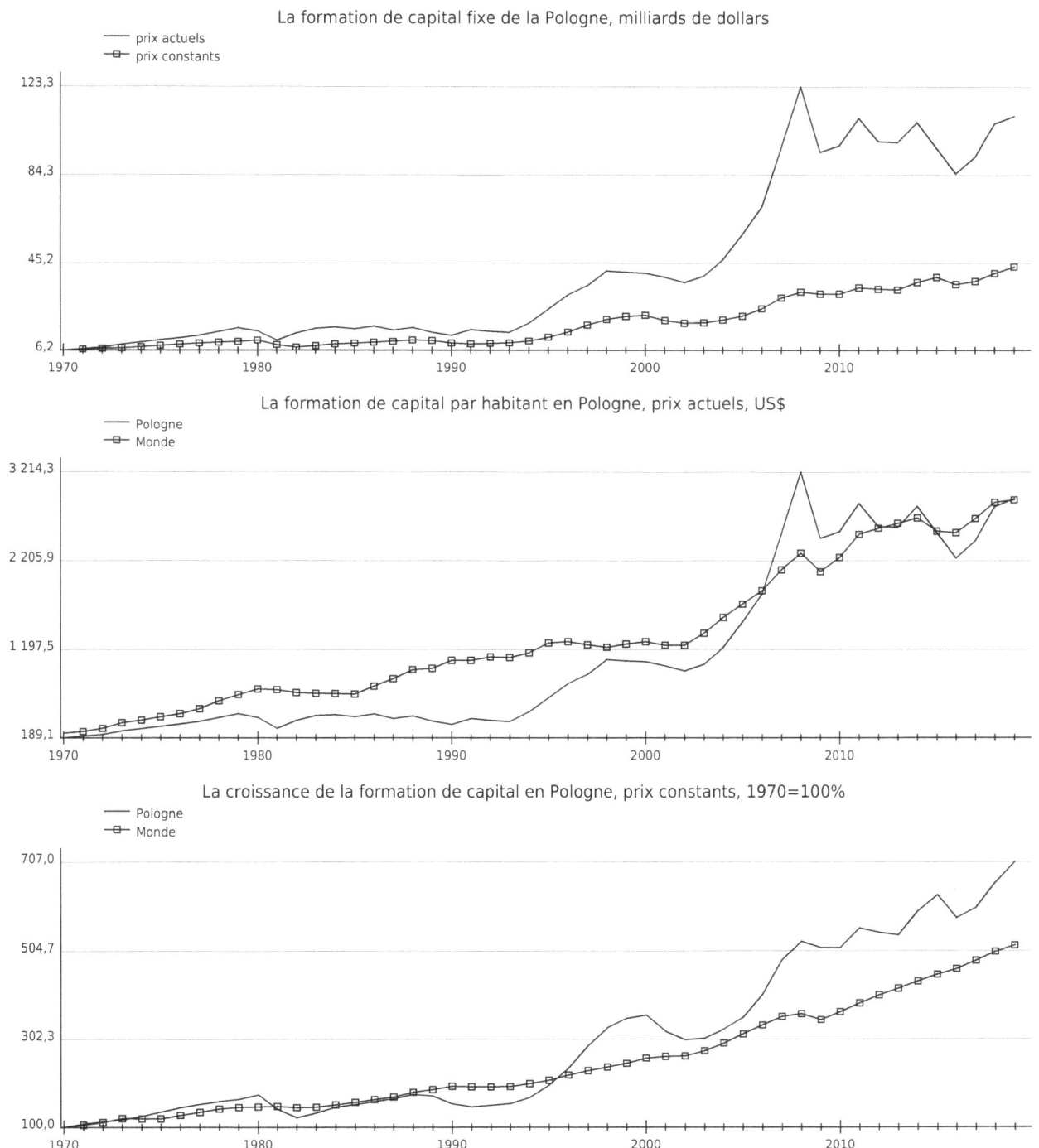

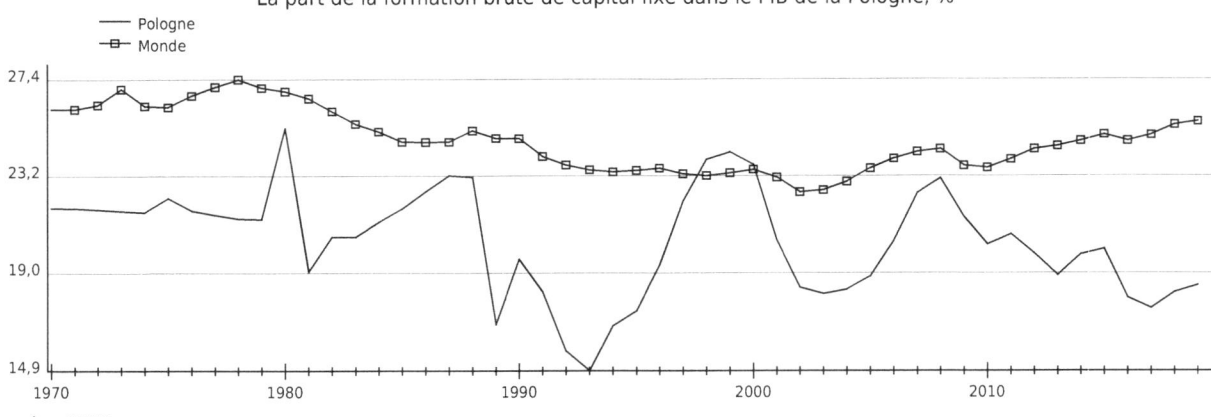

La part de la formation brute de capital fixe dans le PIB de la Pologne, %

Les années 1970

La formation de capital de la Pologne était de 10,6 milliards de dollars par an dans les années 1970, au 25ème rang mondial à égalité avec la Yougoslavie (10,4 milliards de dollars). La part dans le monde était de 0,61% et de 1,4% en Europe.

La part de la formation de capital dans le PIB de la Pologne était de 21,7% dans les années 1970, se situant au 109ème rang mondial, à égalité avec le Guatemala (21,7%), l'Asie du Sud-Est (21,5%), l'Argentine (21,8%).

La formation de capital fixe par habitant en Pologne était de 313.7 dollars dans les années 1970, se situant au 76ème rang mondial. La formation de capital par habitant en Pologne était 27,6% inférieure la formation de capital fixe par habitant au Monde (433,5 US$), et 3,2 fois inférieure la formation de capital fixe par habitant en Europe (1 018,0 US$).

La croissance de la formation brute de capital fixe en Pologne était de 5.7% dans les années 1970, au 91ème rang mondial. La croissance de la formation brute de capital fixe en Pologne (5,7%) a été supérieure à celle du monde (4,2%), et supérieure à celle de l'Europe (2,4%).

Comparaison avec les voisins. La formation de capital de la Pologne était supérieure à celle de la Tchécoslovaquie (7,7 milliards de dollars); mais inférieure à celle de l'URSS (214,6 milliards de dollars) et de l'Allemagne (125,8 milliards de dollars). La formation de capital fixe par habitant en Pologne était inférieure à celle de l'Allemagne (1 597,2 de dollars), de l'URSS (850,9 de dollars) et de la Tchécoslovaquie (519,2 de dollars). La croissance de la formation de capital en Pologne était supérieure à celle de la Tchécoslovaquie (4,6%), de l'URSS (3,2%) et de l'Allemagne (1,5%).

Comparaison avec les leaders. La formation de capital fixe de la Pologne était inférieure à celle des États-Unis (381,9 milliards de dollars), de l'URSS (214,6 milliards de dollars), du Japon (191,6 milliards de dollars), de l'Allemagne (125,8 milliards de dollars) et de la France (82,9 milliards de dollars). La formation de capital fixe par habitant en Pologne était inférieure à celle des États-Unis (1 750,0 de dollars), du Japon (1 720,7 de dollars), de l'Allemagne (1 597,2 de dollars), de la France (1 545,4 de dollars) et de l'URSS (850,9 de dollars). La croissance de la formation de capital en Pologne était supérieure à celle des États-Unis (4,4%), du Japon (3,9%), de l'URSS (3,2%), de la France (2,7%) et de l'Allemagne (1,5%).

Les années 1980

La formation de capital de la Pologne était de 15,2 milliards de dollars par an dans les années 1980, au 35ème rang mondial à égalité avec la Roumanie (15,5 milliards de dollars). La part dans le monde était de 0,40% et de 1,1% en Europe.

La part de la formation de capital dans le PIB de la Pologne était de 21,3% dans les années 1980, se situant au 105ème rang mondial, à égalité avec l'Indonésie (21,4%), le Brésil (21,4%), Macao (21,5%).

La formation de capital fixe par habitant en Pologne était de 412.1 dollars dans les années 1980, se situant au 90ème rang mondial, à égalité avec les Fidji (411,4 de dollars), les Palaos (406,6 de dollars), la Micronésie (406,5 de dollars). La formation de capital par habitant en Pologne était 47,9% inférieure la formation de capital fixe par habitant au Monde (790,9 US$), et 4,2 fois inférieure la formation de capital fixe par habitant en Europe (1 748,4 US$).

La croissance de la formation de capital en Pologne était de 0.4% dans les années 1980, se classant au 117ème rang mondial. La croissance de la formation brute de capital fixe en Pologne (0,44%) a été inférieure à celle du monde (2,5%), et inférieure à celle de l'Europe (2,2%).

Chapitre XV. Formation de capital fixe

Comparaison avec les voisins. La formation de capital fixe de la Pologne était supérieure à celle de la Tchécoslovaquie (12,9 milliards de dollars); mais inférieure à celle de l'URSS (271,0 milliards de dollars) et de l'Allemagne (238,1 milliards de dollars). La formation de capital fixe par habitant en Pologne était inférieure à celle de l'Allemagne (3 052,1 de dollars), de l'URSS (984,8 de dollars) et de la Tchécoslovaquie (830,4 de dollars). La croissance de la formation de capital en Pologne était inférieure à celle de la Tchécoslovaquie (2,2%), de l'URSS (1,7%) et de l'Allemagne (1,4%).

Comparaison avec les leaders. La formation de capital de la Pologne était inférieure à celle des États-Unis (958,4 milliards de dollars), du Japon (571,7 milliards de dollars), de l'URSS (271,0 milliards de dollars), de l'Allemagne (238,1 milliards de dollars) et de la France (164,3 milliards de dollars). La formation de capital fixe par habitant en Pologne était inférieure à celle du Japon (4 713,7 de dollars), des États-Unis (4 002,1 de dollars), de l'Allemagne (3 052,1 de dollars), de la France (2 907,7 de dollars) et de l'URSS (984,8 de dollars). La croissance de la formation de capital en Pologne était inférieure à celle du Japon (4,8%), des États-Unis (3,1%), de la France (2,4%), de l'URSS (1,7%) et de l'Allemagne (1,4%).

Les années 1990

La formation de capital de la Pologne était de 25,0 milliards de dollars par an dans les années 1990, se classant au 35ème rang mondial. La part dans le monde était de 0,37% et de 1,2% en Europe.

La part de la formation de capital dans le PIB de la Pologne était de 19,9% dans les années 1990, au 132ème rang mondial, à égalité avec l'Europe du Nord (19,8%), le Costa Rica (19,9%), l'Irlande (19,8%).

La formation de capital fixe par habitant en Pologne était de 652.8 dollars dans les années 1990, se classant au 88ème rang mondial, à égalité avec le Belize (651,0 de dollars), l'Asie (661,5 de dollars), la Russie (664,1 de dollars). La formation de capital par habitant en Pologne était 44,9% inférieure la formation de capital par habitant au Monde (1 183,8 US$), et 4,5 fois inférieure la formation de capital fixe par habitant en Europe (2 956,1 US$).

La croissance de la formation brute de capital fixe en Pologne était de 7.4% dans les années 1990, se situant au 31ème rang mondial, à égalité avec le Mozambique (7,4%), l'Argentine (7,4%), le Honduras (7,4%). La croissance de la formation brute de capital fixe en Pologne (7,4%) a été supérieure à celle du monde (2,8%), et supérieure à celle de l'Europe (0,024%).

Comparaison avec les voisins. La formation de capital fixe de la Pologne était supérieure à celle de la Tchéquie (15,7 milliards de dollars), de l'Ukraine (14,2 milliards de dollars), de la Slovaquie (5,6 milliards de dollars) et de la Biélorussie (4,2 milliards de dollars); mais inférieure à celle de l'Allemagne (520,7 milliards de dollars). La formation de capital par habitant en Pologne était supérieure à celle de la Biélorussie (414,1 de dollars) et de l'Ukraine (279,2 de dollars); mais inférieure à celle de l'Allemagne (6 456,6 de dollars), de la Tchéquie (1 517,1 de dollars) et de la Slovaquie (1 052,0 de dollars). La croissance de la formation brute de capital fixe en Pologne était supérieure à celle de l'Allemagne (2,4%), de la Tchéquie (1,7%), de la Slovaquie (-1,0%), de la Biélorussie (-5,6%) et de l'Ukraine (-18,7%).

Comparaison avec les leaders. La formation de capital de la Pologne était inférieure à celle des États-Unis (1,6 billions de dollars), du Japon (1,3 billions de dollars), de l'Allemagne (520,7 milliards de dollars), de la France (299,3 milliards de dollars) et du Royaume-Uni (250,0 milliards de dollars). La formation de capital fixe par habitant en Pologne était inférieure à celle du Japon (10 425,9 de dollars), de l'Allemagne (6 456,6 de dollars), des États-Unis (6 067,2 de dollars), de la France (5 039,5 de dollars) et du Royaume-Uni (4 319,1 de dollars). La croissance de la formation de capital en Pologne était supérieure à celle des États-Unis (4,8%), de l'Allemagne (2,4%), du Royaume-Uni (1,7%), de la France (1,5%) et du Japon (0,18%).

Les années 2000

La formation de capital fixe de la Pologne était de 64,5 milliards de dollars par an dans les années 2000, se classant au 25ème rang mondial à égalité avec l'Arabie saoudite (65,8 milliards de dollars). La part dans le monde était de 0,59% et de 1,9% en Europe.

La part de la formation brute de capital fixe dans le PIB de la Pologne était de 20,9% dans les années 2000, se situant au 144ème rang mondial, à égalité avec l'Équateur (20,9%), l'Érythrée (20,8%), la Colombie (20,9%).

La formation de capital fixe par habitant en Pologne était de 1678.5 dollars dans les années 2000, se situant au 77ème rang mondial, à égalité avec le Monde (1 690,7 de dollars), la Turquie (1 698,1 de dollars), l'Est (1 652,2 de dollars). La formation de capital par habitant en Pologne était 0,72% inférieure la formation de capital par habitant au Monde (1 690,7 US$), et 2,7 fois inférieure la formation de capital par habitant en Europe (4 590,9 US$).

La croissance de la formation de capital en Pologne était de 3.9% dans les années 2000, se situant au 111ème rang mondial, à égalité avec le Bénin (3,8%). La croissance de la formation brute de capital fixe en Pologne (3,9%) a été supérieure à celle du monde (3,5%), et supérieure à celle de l'Europe (1,6%).

Comparaison avec les voisins. La formation de capital fixe de la Pologne était supérieure à celle de la Tchéquie (39,8 milliards de dollars), de l'Ukraine (20,7 milliards de dollars), de la Slovaquie (12,7 milliards de dollars) et de la Biélorussie (9,2 milliards de dollars); mais inférieure à celle de l'Allemagne (557,7 milliards de dollars). La formation de capital fixe par habitant en Pologne était supérieure à celle de la Biélorussie (955,6 de dollars) et de l'Ukraine (438,3 de dollars); mais inférieure à celle de l'Allemagne (6 851,1 de dollars), de la Tchéquie (3 855,2 de dollars) et de la Slovaquie (2 349,2 de dollars). La croissance de la formation de capital en Pologne était supérieure à celle de la Tchéquie (3,8%), de l'Ukraine (3,4%), de la Slovaquie (1,4%) et de l'Allemagne (-0,56%); mais inférieure à celle de la Biélorussie (13,9%).

Comparaison avec les leaders. La formation de capital fixe de la Pologne était inférieure à celle des États-Unis (2,8 billions de dollars), du Japon (1,2 billions de dollars), de la Chine (1,0 billions de dollars), de l'Allemagne (557,7 milliards de dollars) et de la France (463,9 milliards de dollars). La formation de capital fixe par habitant en Pologne était supérieure à celle de la Chine (782,2 de dollars); mais inférieure à celle des États-Unis (9 376,4 de dollars), du Japon (8 981,8 de dollars), de la France (7 386,7 de dollars) et de l'Allemagne (6 851,1 de dollars). La croissance de la formation de capital en Pologne était supérieure à celle de la France (1,6%), des États-Unis (0,43%), de l'Allemagne (-0,56%) et du Japon (-2,0%); mais inférieure à celle de la Chine (13,4%).

Les années 2010

La formation de capital fixe de la Pologne était de 100,2 milliards de dollars par an dans les années 2010, se classant au 26ème rang mondial à égalité avec l'Autriche (99,0 milliards de dollars). La part dans le monde était de 0,52% et de 2,3% en Europe.

La part de la formation brute de capital fixe dans le PIB de la Pologne était de 19,2% dans les années 2010, se classant au 155ème rang mondial, à égalité avec l'Uruguay (19,2%), la Slovénie (19,2%), le Koweït (19,1%).

La formation de capital par habitant en Pologne était de 2631.6 dollars dans les années 2010, au 79ème rang mondial, à égalité avec la Russie (2 631,4 de dollars), le Monde (2 621,1 de dollars), la Grèce (2 604,0 de dollars). La formation de capital fixe par habitant en Pologne était 0,40% supérieure la formation de capital par habitant au Monde (2 621,1 US$), et 2,2 fois inférieure la formation de capital fixe par habitant en Europe (5 775,6 US$).

La croissance de la formation brute de capital fixe en Pologne était de 3.3% dans les années 2010, se situant au 101ème rang mondial. La croissance de la formation de capital en Pologne (3,3%) a été inférieure à celle du monde (4,1%), et supérieure à celle de l'Europe (2,2%).

Comparaison avec les voisins. La formation de capital de la Pologne était 76,8% supérieure à celle de la Tchéquie (56,7 milliards de dollars), 4,3 fois supérieure à celle de l'Ukraine (23,1 milliards de dollars), 4,8 fois supérieure à celle de la Slovaquie (20,7 milliards de dollars) et 5,1 fois supérieure à celle de la Biélorussie (19,7 milliards de dollars); mais 7,5 fois inférieure à celle de l'Allemagne (752,5 milliards de dollars). La formation de capital par habitant en Pologne était 26,0% supérieure à celle de la Biélorussie (2 089,3 de dollars) et 5,1 fois supérieure à celle de l'Ukraine (513,3 de dollars); mais 3,5 fois inférieure à celle de l'Allemagne (9 192,9 de dollars), 2,0 fois inférieure à celle de la Tchéquie (5 345,3 de dollars) et 31,1% inférieure à celle de la Slovaquie (3 818,1 de dollars). La croissance de la formation brute de capital fixe en Pologne était supérieure à celle de l'Allemagne (2,8%), de l'Ukraine (2,3%), de la Tchéquie (2,2%) et de la Biélorussie (0,78%); mais inférieure à celle de la Slovaquie (3,7%).

Comparaison avec les leaders. La formation de capital de la Pologne était 45,1 fois inférieure à celle de la Chine (4,5 billions de dollars), 35,9 fois inférieure à celle des États-Unis (3,6 billions de dollars), 12,1 fois inférieure à celle du Japon (1,2 billions de dollars), 7,5 fois inférieure à celle de l'Allemagne (752,5 milliards de dollars) et 7,0 fois inférieure à celle de l'Inde (696,8 milliards de dollars). La formation de capital fixe par habitant en Pologne était 4,9 fois supérieure à celle de l'Inde (535,2 de dollars); mais 4,3 fois inférieure à celle des États-Unis (11 264,9 de dollars), 3,6 fois inférieure à celle du Japon (9 460,2 de dollars), 3,5 fois inférieure à celle de l'Allemagne (9 192,9 de dollars) et 18,4% inférieure à celle de la Chine (3 224,9 de dollars). La croissance de la formation brute de capital fixe en Pologne était supérieure à celle de l'Allemagne (2,8%) et du Japon (1,8%); mais inférieure à celle de la Chine (8,0%), de l'Inde (5,8%) et des États-Unis (3,8%).

www.ingramcontent.com/pod-product-compliance
Lightning Source LLC
Chambersburg PA
CBHW080521220526
45465CB00006B/2560